무엇이 나를 작아지게 하는가

길들여진 성性에서 자유로워지는 자가진단 10

Fuckless: A Guide to Wild, Unencumbered Freedom

무엇이 나를 작아지게 하는가

길들여진 성性에서 자유로워지는 자가진단 10

지아나 비스콘티니 지음|노지우 옮김

아니타

세상에는 배짱과 용기를 가진 여성들이 많지만 그 중에서도 나에게 야성을 되찾을 수 있도록 영감을 준 글레논 도일과 매건 래피노, 시종일관 여성의 권리를 위해 싸워준 고 루스베이더 긴즈버그 대법관, 그리고 어떤 상황에서도 포기하지 않는 법을 가르쳐준 나의 반려견 올리비아 츄튼존에게 이 책을 바칩니다. 우리 여자들이 편견과 고정관념에 자신을 가두어 두지 말기를, 일흔 살이 되어서야 뒤늦게 '내 안에 있는 멋지고 열정적인 소녀를 너무 오래 숨기고 살았어'라고 후회하는 일이 없기를 바랍니다.

뛰어들기 전에

우리는 누구나 자신의 삶을 개척하고 한 단계 발전시킬 수 있는 내면의 힘을 갖고 있다. 그리고 현대 과학의 발전은 인간의 무한한 상상력을 현실로 구현하며 그 어느 때보다 개인의 고유한 특성과 능력을 마음껏 펼칠 수 있는 기회를 제공하고 있다. 하지만 우리가 사는 세상은 완벽하지 않다. 현실과 이상 사이에는 언제나 괴리가 존재한다. 세상은 하루가 다르게 변화하지만 시대의 흐름을 따라가지 못하는 편견과 고정관념이 우리의 의지와 꿈을 좌절시킨다.

나는 20년 가까이 라이프스타일 코치로 일하면서 행동과학을 연구하고 있다. 행동과학은 우리가 하는 행동에는 주관적 경험과 무의식적 동기가 가장 중요한 영향을 미친다는 전제 하에 사람들이 의사 결정을 내리는 이유를 좀 더 분명히 이해하고 다양한 상황에서 바람직한 행동을 할 수 있도록 유도하는 것을 목표로 한다. 나는 행동과학자로서 사람들이 문제에 부딪쳤을 때 그 원인을 찾는 방식에 차이가 있다는 사실에 주목하게 되었다.

어떤 사람들은 뭔가가 뜻대로 되지 않으면 무조건 남 탓을 하고 부모 탓을 하고 환경과 사회 탓을 한다. 우리 자신을 보호하려는 일종의 심리적 방어기제이지만 자신이 하는 행동에 대한 책임을 회피하는 태도로 세상을 살아간다면 개인적인 성장과 발전을 위해 도움이 되지 않는 것은 물론이고 인간관계에서 어려움을 겪게 된다.

반면에 어떤 사람들은 인생에서 겪는 모든 문제를 자신의 타고난 성향이나 무능함 탓으로 돌려서 자책을 하며, 외부에서 원인을 찾는 것은 책임을 전가하는 것이라고 생각한다. 하지만 이처럼 모든 문제를 개인의 책임으로 돌리면 우리가 속해 있는 주변 상황의 진실을 파악해서 잘못된 관행을 바로잡을 수 없다. 문제가 있으면 정확한 원인을 찾아내서 해결해야 하지만 자기비판으로 끝난다면 우리 사회의 부조리를 개선할 수 없는 것이다. 무엇보다 집단 이기주의와 이분법적 사고는 사람들 사이를 갈라놓고 대립과 갈등을 조장한다. 또한 개인이 느끼는 좌절과 분노는 우울증과 불안감과 같은 심리적 문제로 발전할 수 있고 삶의 무게에 억눌려서 사는 것 자체가 힘들어진다.

우리가 당연하게 여기는 믿음 중에는 스스로 자기 자신을 제한해서 도전과 발전을 가로막고 기회로부터 멀어지게 만드는 생각들이 있다. 나는 원래 이런 사람이라고 한계를 정해두고 그 밖으로 나가는 것은 불가능하다고 느낀다. 예를 들어,

"나는 사람들을 이끄는 리더십이 없어요."

"지금 시작하기에는 너무 나이가 많아요(너무 어려요)."
"그 일에 도전할 수 있는 자격(또는 경험)이 부족해요."
"다른 사람들이 나보다 잘할 겁니다."
"나는 그 사람의 관심을 받을 만한 매력이 없어요."

게다가 우리는 종종 다른 사람들과 자신을 비교하면서 열등
감과 자괴감에 빠진다. 그런데 어쩌다가 이런 생각을 갖게 되었
는지 이유를 알 수 없다. 우리 자신에 대한 부정적인 생각들은
어디서 오는 것일까? 내가 가진 능력과 가능성에 대해 객관적
이고 합리적으로 파악하고 있는 것일까? 원하는 것이 있어도 부
딪쳐보기도 전에 뒤로 물러나는 것은 무슨 이유일까? 정말 원
래 타고 나기를 남들보다 못하게 타고난 것일까? 이렇게 생각하
면 점점 더 위축이 되고 남들 앞에 나서기가 두려워진다. 원하
는 삶에서 자꾸 멀어지는 것 같고 자신이 정말 무엇을 원하는지
조차 모를 수 있다. 결국 자신을 제한하는 생각에 갇혀서 현재
의 삶에서 한발짝도 더 나아가지 못하고 제자리 걸음을 하다가
점점 더 뒤로 밀려나게 된다.

분명한 사실은 인생에서 성공하는 사람들이 모두 특별한 재
능을 갖고 태어나는 것은 아니라는 것이다. 그보다는 열정, 도전
정신, 성실함으로 역경을 극복해내고 그 자리에 오르는 것이다.
만일 당신이 지금 있는 자리에서 더 이상 앞으로 나아가지 못하

고 있다고 느낀다면 그 이유는 무엇일까? 당신의 발목을 잡고 스스로 위축이 되게 만드는 생각들은 어디에서 비롯되는 것일까? 그런 생각들이 알고 보면 사실이 아니라 단지 외부에서 주입된 것이라면?

우리가 갖고 있는 생각이나 믿음을 좀 더 깊이 들여다보면 대부분은 우리 자신의 객관적 판단이 아니라 다른 사람들에게서 들은 통념, 평가, 의견, 경험, 해석이 심어진 것이다. 예를 들어, 개인의 심리적 문제라고 생각하는 두려움이나 불안감의 원인을 파고 들어가보면 오랜 시간에 걸쳐 고착화된 생각들이 그림자를 드리우고 있는 것을 알 수 있다. 거꾸로 말하면 오랜 시간에 걸쳐 고착화된 생각들이 우리를 지배하는 심리적 요인으로 작용하는 것이다.

그 중에서도 가장 변하기 어려운 것이 성 고정관념이다. 우리는 세상에 태어나자마자 남자와 여자로 구분이 되고 부모들은 딸과 아들을 성별에 따라 다른 환경과 육아 방식으로 키운다. 이러한 환경 속에서 아이들은 만 2세가 되면 남녀의 성차를 이미 성인 수준으로 구분할 수 있게 되고 만 3세가 되면 주변 사람들을 보면서 성 역할에 대해 배우기 시작한다. 그렇게 해서 형성되는 성 정체성은 시간이 갈수록 굳어지고 아이의 생각, 행동, 성취도에 영향을 준다.

세상은 하루가 다르게 변화하지만 우리 사회의 성 편견은 끈

질기게 변화에 저항한다. 생활을 편리하게 해주는 새로운 기술에는 금방 적응하고 익숙해지는 젊은이들도 성별에 대한 오래된 생각에는 좀처럼 발전이 없다. 그 이유는 우리의 뇌가 뭔가를 기정 사실로 받아들이게 되면 그 후로는 주변 환경을 스캔해서 그 사실을 입증해주는 증거를 찾아내고 다른 사실은 무시해버리기 때문이다. 또한 성장 과정에서 가치관과 도덕관이 성 정체성과 함께 형성된다는 것도 가장 큰 요인으로 작용한다. 무엇보다 성소수자들이 느끼는 혼란과 불안, 그리고 그들에 대한 혐오와 차별이 수그러들지 않는 것을 보면 성 고정관념의 영향이 얼마나 깊이 뿌리를 내리는지 알 수 있다.

나는 이 책을 쓰면서 우리 사회의 성 고정관념이 어떻게 여자들을 위축시키고 작아지게 하는지 직접 확인할 수 있었다. 성 편견의 가장 큰 문제는 많은 여자들이 자신도 모르게 여성에 대한 편견에 길들여져서 잠재력과 능력을 마음껏 펼쳐보지 못하고 살아간다는 것이다. 나는 그동안 남성이 주도하는 사회에서 뒷전에 밀려 있던 여성들이 보다 적극적으로 자신을 표현하고 세상에 참여한다면 본인의 삶은 물론이고 우리 사회 전체가 비약적인 발전을 이룰 것이라고 믿는다.

성평등의 문제는 남성 대 여성이 아닌 모두가 함께 사는 공동체의 일원이라는 관점에서 접근할 필요가 있기 때문에 남자들과도 만나서 이야기를 들어보았다. 개인적으로 만나서 진솔하게 대화를 나누어 보면 그동안 남자들의 의식에도 많은 변화가 있다는 것을 확인할 수 있다. 많은 남자들이 여자들이 겪는 어려움에 대해 마음을 열고 경청하고, 질문을 하고, 대안에 대해 고민하면서 우리가 남녀 갈등을 극복하고 서로의 입장을 이해하고 존중하며 다 함께 윈윈하는 공동체를 향해 갈 수 있다는 희망을 보여주었다.

반면에 남성과 여성을 양분하는 이분법적 관점에서 보면, 남자들 사이에서 여성의 지위 향상으로 남성의 주도권과 권위가 위협받고 있다는 위기 의식, 성평등 정책이 역차별이라는 불만, 그리고 페미니즘이 여성 우월주의를 조장한다는 인식이 만연하다. 유엔개발계획UNDP이 2023년 인구의 80% 이상이 거주하는 75개국을 조사해서 발표한 젠더 사회규범 지수에 의하면, 인구의 절반에 이르는 사람들이 정치 지도자로 남성이 더 적합하다고 생각했다. 기업 임원으로 남성이 더 우월한 능력을 갖고 있다고 생각하는 인구가 40%를 넘었으며, '그럴만한 이유가 있다면 남편이 아내를 때려도 무방하다'고 생각하는 이들도 25%에 이르렀다. 이러한 조사 결과와 관련해서, 영국의 일간지 〈가디언〉은 많은 국가에서 여성의 지위가 올라갈수록 성 편견과 여성 혐오가 심화되는 반작용이 일어나고 있는 상황에 대해 우려를 표명했다.

알고 보면 남자들 역시 남성다움에 대한 고정관념에 의해 피해를 당하는 것은 마찬가지다. 가부장제는 여자들에게 복종과 희생을 요구하고 다른 한편으로는 남자들에게 가장으로서의 책임과 의무를 강조하는 것으로 남녀 모두에게 심리적 부담감을 주고 사회적 갈등을 불러온다.

또한 우리가 추구해야 하는 성평등은 남성과 여성에 국한되지 않고 성소수자들에게도 해당된다. 이 책을 쓰면서 내가 만나본 성소수자들은 여자들보다 훨씬 더 심각하게 성편견에 시달리고 있었다. 만일 우리 모두가 남녀 갈등과 성역할에 대한 고정관념에서 벗어날 수 있다면 성소수자에 대한 편견과 차별은 자연스럽게 사라질 것이다.

* * * * *

생각만 해도 가슴 뛰는 꿈이 있지만 눈앞에서 자꾸만 멀어져 가고 있는가? 가족이나 주변 사람들의 기대에 맞추느라 자신이 어떤 삶을 원하는지 생각해본 적이 없는가? 직장에서 차별을 받고 있다고 느낀다면 그 이유가 자신이 부족하기 때문이라고 생각하는가? 기회가 주어져도 자신감이 없어서 도전을 하지 못하는가? 사람들 앞에 나서는 상황을 피하려고 하고 자꾸 위축이 되는가? 하고 싶은 말이 있어도 침묵하고, 화가 나도 그냥 참고 넘어가는가? 마음에 드는 사람이 있어도 먼저 다가가지 못하고 선택을 기다리는가?

개인의 인격 형성에는 성장 과정에서의 경험, 가정환경, 주변에서 받는 압력이나 기대가 작용하고 계속해서 우리의 정신과 감정을 지배한다. 사람마다 타고난 성격과 기질에 따라 외부의 영향을 받는 정도는 달라질 수 있다. 요즘 패기 넘치고 어느 자리에서나 당당하게 자신을 표현하는 젊은 여성들을 보면 그들은 잠재의식에라도 성 편견 따위는 없는 것처럼 보인다. 실제로 성장 과정에서 성차별을 받은 적이 없다고 느낄 수도 있다. 하지만 사실 우리 모두는 남자들도 포함해서 성별과 성정체성이라는 이름으로 개인을 구분하는 생각과 편견에서 완전히 자유로울 수 없다.

이 책은 백만 부가 팔릴지도 모른다. 아니면 우리 어머니만한 권 살지도 모르겠다. 하지만 적어도 내가 의도한 그대로 세상에 나오기를 바란다. 이 책을 커피테이블 위에 올려놓고 바라보는 것만으로도 힘이 나기를 바란다. 출판사에서는 제목으로 사용한 비속어(원제:Fuckless)가 거북하니까 점잖은 말로 바꾸자고 했지만 나는 그대로 하자고 주장했다. 독자들을 자극해서 마음 속 깊은 곳에 억눌려 있는 정당한 분노를 일깨우고 자신도 모르게 길들여진 편견에 도전하도록 만드는 것이 내가 의도하는 전략이기 때문이다.그 동안 양성평등으로 가는 제도적인 발전이 이루어졌지만 성별을 구분하는 뿌리 깊은 편견과 고정관념으로 인해 충분한 효과를 보지 못하고 있을 뿐 아니라 오히려 남녀 갈등을 불러오는 원인이 되고 있다. 그래서 우리가 속해 있는 외부 상황을 변화시키려면 우리 자신의 의식부터 변화해야 한다는 것이 나의 생각이다. 주변 사람들의 눈치를 보고 그들의 기대에 맞추어서 살면 미움을 살 일은 없다. 하지만 그것은 우리 자신에게 충실한 삶이 아니다. 우리 스스로 원하는 사람이 될 수 없고 진정으로 원하는 삶을 살 수 없다. 단 한 번 주어진 인생의 주인으로 살기 위해서는 우리 자신의 것이 아닌 다른 누군가의 두려움, 경험, 의견, 믿음으로부터 자유로워져야 한다. 우리를 알게 모르게 억압하고 있는 생각이 무엇인지 알고 거기서 벗어나야 한다.

대부분의 사람들이 믿고 따르는 신념이라고 해도 당신에게는 맞지 않을 수 있다. 당신을 힘들게 하고 소모시키는 일에 노력과 시간을 허비하게 만들 수 있다. 그러다 보면 자신이 정말 무엇을 원하는지, 어떤 사람이 되고 싶은지, 마음속에 어떤 꿈을 간직하고 있는지 알 수 있는 기회조차 가질 수 없다. 편견의 굴레를 벗어던지고 자유로워진다는 것은 결국 내가 원하는 삶을 스스로 선택하고 설계하고 살아가는 것을 의미한다. 나에 대해 잘 모르는 사람들이 이래라 저래라 조언을 할 때 여유로운 미소를 지어보일 수 있고 내 방식대로 사는 것에 대해 미안해하거나 변명하지 않는 것을 의미한다.

당신이 어느 날 평소와 달리 당당하고 분명한 태도와 행동을 보이면 주변 사람들이 의아해하고 거부 반응을 보일 수 있다. 못마땅한 눈초리를 보내거나 서운해하거나 화를 내면서 당신을 다시 되돌리려고 할지 모른다. 그럼에도 꿋꿋하게 새로운 변화를 유지한다면 얼마 지나지 않아 전에 느끼지 못했던 자유롭고 만족스러운 경험을 하게 될 것이다. '왜 아직도 결혼을 하지 않고 있나요?'라는 물음에 '지금 나에게는 다른 일이 더 중요하거든요.'라고 의연하게 말할 수 있을 것이다.

어떤 반응이 돌아올지 몰라서 주저하게 되는 순간들이 있겠지만 직접 부딪쳐보면 점차 익숙해지고 자연스러워질 것이고 충분히 가치가 있다는 것을 깨닫게 될 것이다. 만일 하루아침에 백만장자가 되는 비결을 알고 있다는 사람이 있다면 그는 사기꾼이 틀림없다. 감언이설에 속아서 우리의 삶이 아무런 노력 없이 장밋빛으로 변하기를 기대할 수는 없다. 하지만 나 자신부터 해묵은 고정관념에서 벗어나 자유로워지자고 마음을 먹고 행동과 태도를 바꾼 이후로 실제로 다음과 같은 일들이 일어났다.

- 사람들이 내 생각에 귀를 기울이고 존중하게 되었다.
- 나를 진정으로 아끼고 사랑하는 사람이 누구인지 알게 되었다.

- 나를 이해해주는 사람들을 만나 친구가 되었다.
- 더 행복해지고, 더 건강해지고, 더 의욕적이 되었다.
- 혼자 여행을 자주 하면서 다양한 경험과 모험을 즐기고 있다.
- 경제적으로 좀 더 풍족해졌다.

지금까지 당신을 짓누르고 있던 편견의 굴레에서 벗어나 자유로워질 수 있다면 아마 당장이라도 그렇게 되고 싶을 것이다. 하지만 우선 무엇이 당신을 속박하고 있는지 하나씩 확인해보는 과정이 필요하다. 오랜 세월에 걸쳐 익숙해지고 당연하게 여기던 생각을 갑자기 바꾸기가 쉽지 않기 때문이다. 내가 경험한 바로는 회의, 두려움, 혼란, 주저함과 같은 다양한 감정들이 일어난다. 그래서 시간이 필요하겠지만 분명 노력한 만큼의 결과가 돌아온다. 지금 당장 행동에 옮기지는 않더라도 언젠가는 현재의 삶에 변화가 필요하다는 생각을 하게 될 때가 올 것이다. 그 때까지 적어도 다음 세 가지 진실을 기억하기 바란다.

- 나의 열정과 꿈은 존중할 가치가 있다.
- 나의 미래와 행복을 책임지는 사람은 나 자신이다.
- 인생의 목적은 진정한 나 자신을 찾아가는 것이다.

우리를 가두고 있는 편견과 고정관념이 어디서 유래되었고 우리 스스로 어떻게 그런 생각들을 받아들이고 있는지를 알면 그 영향에서 자유로워질 수 있다. 우리 존재의 목적은 완벽해지는 것이 아니다. 우리 자신을 있는 그대로 받아들이고 보여주는 것이 우리가 이 세상에 태어나서 존재하는 의미이고 자기실현이다. 사람은 누구나 자유롭게 자기 자신을 표현할 수 있을 때 타고난 능력을 활짝 꽃피울 수 있고 삶의 질을 한 단계 높이는 기회를 만날 수 있다.

우리 각자가 생각하는 이상적인 삶의 기준과 행복의 조건은 사람의 머릿수만큼이나 다양할 것이다. 누군가는 아이를 여덟 명이나 낳고 화목한 가정을 이루거나, 교외로 이사해서 농사를 짓거나 닭을 키우면서 가장 큰 행복을 느낄 수 있다. 직장을 그만두고 예술가의 길을 가거나 아니면 그 반대가 될 수도 있다.

어떤 삶을 원하든지 지금 이 책을 읽고 있는 당신은 성장과 발전을 위해 자신을 변화시키고자 하는 의지와 잠재력을 갖고 있을 것이다. 현대 사회에서 전통적인 성 역할은 더 이상 유효하지 않으며 남녀 모두에게 역할에 대한 부담을 주고 사회적 갈등을 불러오는 원인이 되고 있다. 나는 여성이자 행동과학자로서의 경험과 지식을 바탕으로 이 책을 썼지만, 성별, 인종, 문화, 배경을 초월해서 누구나 자신에게 충실한 삶을 살기를 원하는 사람들에게 도움이 될 수 있기를 바란다.

1부에서는 여성들이 어떤 식으로 알게 모르게 성 편견에 길들여져 왔는지를 하나씩 점검하는 시간을 가질 것이다. 이 작업은 당신이 여성이기 이전에 독립적인 자유인으로서 어떤 사람이고 어떤 삶을 살기를 원하는지 알 수 있게 해준다. 2부에서는 우리의 발목을 잡고 있는 잘못된 믿음을 긍정적인 방향으로 전환하고 '진정한 나 자신'을 발견해서 주체적으로 표현하는 법에 대해 배울 것이다. 이 책은 독자들이 각자 자신을 직접 진단하고 어떤 변화가 필요한지 스스로 처방을 내리는 것으로 완성되며, 그 후에 자신을 가두어두고 있는 유리상자를 하나씩 깨부수고 보다 나은 삶을 향해 가기 위한 도전을 시작한다면 나로서는 더 이상 보람된 일이 없을 것이다.

여성의 목소리와 사회 참여는 모든 분야에서 필요로 하는 시대적 소명이 되었다. 정부와 기업은 여성들이 직장과 가정에서 순조롭게 역할을 이어갈 수 있도록 유연근무제, 재택근무제, 출산휴가, 육아휴직, 복직 프로그램과 같은 정책들을 보장해야 한다. 무엇보다 의사 결정을 하는 위치에 있는 리더들의 성별 균형이 근로자, 고용주, 사회 전체에 이익이 된다는 점에서 우리 여성들은 자신과 미래 세대를 위한 제도와 정책 수립을 요구하는 목소리를 높일 수 있는 충분한 권리와 자격이 있다

차례

무엇이 나를 작아지게 하는가

프롤로그

누구나 자신만의 이야기가 있다

사람은 어느 누구도 두려워할 필요가 없다. 그럼에도 누군가를
두려워하고 있다면 자기 자신을 관리하는 힘을 그 누군가에게 내
주었기 때문이다.

　　　　　　　　　　　　　　　　　　　　　— 『데미안』, 헤르만 헤세.

　화창한 6월의 금요일 오후, 휴양도시 나파에 가서 주말을 보
내기 위해 렌트카를 타고 해변도로를 따라 달리고 있었다. 가는
길에 전도유망한 사업가와 만나서 투자 유치 미팅을 하고 휴이
치카 음악 축제에서 남편과 만나 자원봉사를 한 후에 친구 별
장에서 주말을 지낼 예정이었다. 차창을 내리고 음악을 틀었다.
해변 도로에서 내려다보이는 푸른 태평양 바다가 손짓을 하듯
넘실거렸다. 여기저기 차에서 내려서 산책을 즐기는 여행객들
이 보였다. 나도 잠시 차를 세우고 눈앞에 펼쳐진 아름다운 절
경을 감상하며 무아지경에 빠져들었다.
　문득 요즘 부쩍 노쇠해진 아버지가 생각나서 전화를 걸었다.
안부 인사를 전하자 그는 내가 자랑스럽고 대견하다고 말했다.
전화를 끊고 나서 다시 해안을 따라 운전을 하며 성장하는 사

업, 직장 동료와 함께 쓰고 있는 책, 그리고 사랑하는 친구들과 가족들을 떠올렸다. 나는 자리를 잡았다. 내 나이 서른일곱이었다. 어릴 때부터 꿈꾸던 삶을 살고 있다고 느꼈다. 석사학위를 몇 개 취득했고, 캘리포니아에 멋진 집이 있고, 내 사업을 하고 있었다. 내 목소리와 아이디어가 전파를 타고 100개국으로 흘러나갔다. 어디에 내놓아도 꿀리지 않는 번듯한 남편이 있었다. 어느 모로 보나 남부럽지 않은 삶을 살고 있다고 자부해도 좋을 것 같았다.

그로부터 한 달이 지난 7월 7일이었다. 그 날 미국과 네덜란드의 여자축구 월드컵 경기가 있었다. 최종 우승을 가리는 결승전인 만큼 치열한 접전을 벌이는 흥미진진한 경기가 펼쳐졌다. 미국 대표팀 주장인 메건 라피노가 특유의 자세로 두 팔을 높이 쳐들 때마다 나도 모르게 자리에서 벌떡 일어나 환호성을 질렀다. 결국 최종 우승은 미국에 돌아갔고 최선을 다한 선수들은 우승컵과 꽃다발을 받았다. 여자 축구팀이 불굴의 투지와 열정으로 다시 한 번 세계를 재패한 감동적인 순간이었다.

바로 전날 나는 남편과 함께 외출을 했다. 지인들과 만나서 웃고 떠들다보니 어느덧 해가 저물었다. 집에서 나올 때 저녁에 일찍 들어가기로 남편과 약속을 했으므로 나는 자리에서 일어났다. 하지만 그는 집에 갈 생각이 없었다. 술집이 그에게 손짓하는 것이 보였다. 결국 다함께 자리를 옮겨서 술을 마시기 시작했고 우리는 새벽 1시가 넘어서야 집으로 돌아왔다.

아침에 눈을 떴을 때는 숙취가 심해서 머리를 들기가 힘들었다. 전날 밤 남편에게 이제 그만 집에 가자고 호소했던 것이 생각났다. 우리는 아침 일찍 일어나서 함께 자전거를 타기로 했고 나는 오전에 사업과 관련해서 중요한 미팅이 있었다. 하지만 그는 나에게 한 약속이나 내가 하는 일은 얼마든지 뒤로 미루어도 되는 것처럼 나를 구슬렸다. 침대에 누운 채 누룽이 가라앉기를 기다리며 나는 남편보다 나 자신에게 화가 났다. 그가 그렇게 하도록 허용하는 것이 바로 나 자신이고 내가 나를 존중하지 않기 때문이라는 생각이 들었다. 나는 남편의 말을 고분고분 따르는 아내가 되고 재미있는 동행이 되어주는 역할에서 결혼생활의 의미를 찾고 있었다.

결국 그 날 오전에 있었던 약속을 취소하고 빈둥거리다가 오후에는 거실 소파에 앉아서 월드컵 여자축구 결승전을 시청했다. 몇 주 전부터 기다려온 경기였고 젖먹던 힘까지 끌어내서 열심히 뛰는 선수들을 응원을 하다보니 저절로 힘이 났다. 하지만 마음 한편으로는 나 자신이 그들과 대비가 되면서 초라하고 무기력하게 느껴졌다. 사람들은 나를 보고 자신감이 충만하고 도전적인 여성일 것이라고 짐작하지만 사실은 그렇지 못했다. 내 외모가 마음에 들지 않았고 항상 능력이 부족하다고 느꼈고 결단력이 없고 누군가에게 의지하는 면이 있었다. 어느 대학을 가야 하는지, 어떤 남자를 만나야 하는지, 무엇을 먹고, 입고, 생각하고, 말해야 하는지에 대해 주변 사람들이 알려주는 대로 따랐다. 부모님은 세상이 여자들에게 무섭고 두려운 곳이라는 인식을 심어주었다. 귀가 시간을 반드시 지켜야 하고, 용모를 단정히 해야 하고, 사람들의 눈밖에 나는 행동을 하지 말아야 했다. 그렇게 사는 삶이 가장 안전하고 합리적이라고 배웠고 나는 그들이 쳐놓은 울타리를 크게 벗어난 적이 없었다. 나 스스로 옳고 그름을 판단하고, 불공정한 세상과 맞서 싸워서 나 자신을 지키는 방법은 아무도 가르쳐주지 않았다. 내가 어떤 삶을 원하는지 알고 주체적으로 살도록 격려하고 용기를 북돋워준 사람은 없었다.

그 날 저녁 나는 결혼 후에 처음 이혼에 대해 생각했다. 결혼생활에 특별한 문제는 없었지만 나 자신에게서, 내가 원하는 삶에서 점점 멀어지고 있다는 느낌이 들었다. 그리고 두 달 후에 생각지 못했던 남편의 외도 사실을 알게 되면서 충격을 받았고 결혼보다는 나 자신을 선택하기로 결정했다. 뒤이어 까마귀 날자 배 떨어진다는 말처럼 봇물 터지듯이 연달아서 많은 일들이 일어났다. 친한 친구가 나의 사업 계획을 훔치고 내가 만든 브랜드를 도용했다는 사실이 드러났다. 내가 추궁을 하자 그녀는 억울하다고 울고불고 하면서 자기 잘못을 인정하지 않았다. 나는 서로에게 도움이 되는 건설적인 방향으로 해결을 해보자고 제안했지만 그녀는 내가 기획하고, 만들고, 성장시킨 사업의 모든 부분에 대해 장장 13개월에 걸친 지루한 소송을 시작하는 쪽을 택했다.

그리고 얼마 후 아버지가 돌아가셨다. 그는 1년 전부터 치매와 신경쇠약 증세를 보이기 시작했지만 펜데믹 봉쇄로 인해 자주 만날 수 없었다. 아버지는 병이 깊어질수록 마음이 약해지면서 젊은 시절 자신이 아내에게 잘못했던 일들을 돌이켜보고 후회를 했다. 나는 그런 이야기를 들으면서 아버지에게 연민의 감정을 느꼈지만 다른 한편으로는 어릴 때 부모의 불화로 인해 받았던 상처가 다시 되살아났다. 30대 중반이 되어 돌아보니 내가 부모에게서 어떤 영향을 받았는지 객관적으로 볼 수 있었다.

부모님의 결혼 생활에서 나는 남자들이 여자에게 상처를 주는 이유가 여자에 대해 잘 모르기 때문이라고 생각하고 참는 법을 배웠다. 남자에게서는 배려와 공감을 기대할 수 없다는 것을 배웠다. 아버지는 어머니를 무시하는 말을 자주 했지만 어머니는 아버지의 언어 폭력에 시달리면서도 내조라는 명목으로 그를 용서하고 아무 상처도 받지 않는 것처럼 지냈다. 내가 아버지의 잘못을 지적하면 어머니는 오히려 나를 타일렀다. "얘야, 남자들은 원래 다 그런 거야. 여자가 이해해야지 어쩌겠니."

아버지가 세상을 떠나고 6개월 후에 고향에서 열린 추모 행사를 끝낸 뒤 어머니는 나를 차갑고 신경질적인 태도로 대했다. 사소한 문제로 시작된 말다툼이 어머니의 성차별적 고정관념에 대한 토론으로 이어졌는데 서로의 생각 차이를 좁히기는커녕 감정만 상하고 말았다. 그날 일정보다 며칠 먼저 떠나는 나의 뒷모습을 보며 어머니는 이제 다시는 서로 만나지 말자고 선언했다.

숨 돌릴 틈도 없이 일어난 격변의 폭풍우가 내 삶을 뒤흔들었다. 그동안 다른 사람들의 의견, 두려움, 요구에 따르는 결정을 하면서 살아온 세월이 모래 위에 세운 누각처럼 무너져 내렸다. 스트레스로 인한 위출혈로 응급실에 실려가기도 했다. 체중이 41킬로그램이 되었다. 2년 동안 휴가를 혼자 집에서 보냈다. 사업을 시작하면서 받은 담보 대출을 갚는 것 외에 내가 할 수 있는 일은 없었다. 그런 와중에도 친구들과의 모임에 나가서 그들의 약혼, 승진, 임신 소식을 듣고 억지 미소를 지으며 함께 축하를 했다. 내 삶은 무너지는데 그들의 삶은 꽃을 피우고 있는 듯했다.

하루는 친구와 저녁에 외식을 하고 집으로 돌아오는 차 안에서 더 이상 살고 싶지 않다는 생각을 했다. 집에 도착하자마자 주방으로 가서 서랍을 열었던 것을 생생하게 기억한다. 그 안에는 일본 칼이 있었다. 순간 정신이 번쩍 들면서 내가 하고 있는 행동에 충격을 받았다. 천천히 돌아서서 심호흡을 하며 소파를 향해 걸어가면서 중얼거렸다. "지금은 아무것도 하지 말자. 움직이지 말자. 그냥 앉아서 숨만 쉬자."

어두운 시간은 나를 완전히 무너트렸다. 불편한 감정이 점점 더 심해져서 견딜 수 없는 지경이 되었다. 하루는 몸도 마음도 지친 상태로 주방 바닥에 쓰러져 울기 시작했다. 울고 또 울었다. 눈물이 말라서 나오지 않을 때까지 울었다. 일단 감정이 분출하도록 내버려두자 나 자신에게 솔직해시기 시작하면서 내기 어쩌다가 그 지경까지 갔는지 생각했다. 지금까지 살아온 세월이 주마등처럼 지나갔다.

중학생 때 친구들에게 따돌림을 당하지 않으려고 그들의 비위를 맞추면서 어울려 다닌 기억이 났을 때는 부끄러움이 밀려왔다. 대부분 중산층 가정의 자녀들로 성숙하고 얌전한 모범생들이었는데 우리와 다르게 보이는 아이들을 무시하고 배척했다. 지금 생각하면 그 즈음 나는 두려움과 나태함으로 부당함에 맞서는 용기를 내지 못하도록 스스로 생각하는 것을 멈추었던 것 같다.

20대에 처음 진지하게 사귀기 시작한 남자친구는 얼마 후 내가 자신에게 잘 맞지 않는 것 같다고 말했다. 그에게서 이런 말을 듣기 몇 주전에는 새벽 한 시에 아파트 건물 경비원이 인터폰으로 호출을 했다. 어떤 남자가 나를 만나겠다고 건물 안으로 들어오려고 한다는 것이었다. 누군지 확인하러 내려가보니 남자친구가 술에 취해 웃통을 벗은 채 소란을 피우고 있었고 나는 황급히 그를 데리고 올라와야 했다.(그는 거실 바닥에서 잠이 들었고 아침에 빈 피자 상자 옆에서 깨어났다). 그럼에도 불구하고 이별을 암시하는 그의 말을 들었을 때 나는 그가 나의 남자친구가 될 자격이 있는지 생각하기보다는 내가 그의 여자친구로 어떤 점이 부족한지, 어떻게 다르게 해야 하는지 고민했다. 여자는 남자의 선택을 받기 위해 몸가짐을 조심해야 하고, 남자는 어떤 행동을 해도 용서가 되는 것이 내가 알고 있는 남녀관계였다. 그 이후로 10년 동안 나는 남자들과의 관계에서 항상 나 자신을 낮추고 양보하는 태도를 취했다.

나는 이따금 머릿속에서 들리는 목소리가 내 것이 아니라고 생각하면서도 거기 순순히 복종했다. 사람들의 호감을 사기 위해서나 미움을 받지 않기 위해 나 자신을 감추었다. 사람들이 가르쳐주고 시키는 대로 하는 것은 나 스스로 판단하고 결정을 내리는 것보다 쉬웠다. 그리고 다행히 그런 방식으로 평탄하고 안전한 삶을 살 수 있었으므로 어떤 의문을 가질 기회가 없었다.

그러다가 결국 30대 중반이 되어서 내 삶의 주도권을 다른 사람들의 손에 맡기고 의지하면서 살아온 대가를 치르고 있었다. 나파에서 남편과 낭만적인 주말을 보내면서 행복하다고 느꼈던 시간이 엊그제 같은데 마치 한순간에 나락으로 떨어진 것처럼 느껴졌다. 모든 것이 내 손에서 벗어나 하나씩 차례로 무너져 내리는 것을 속수무책으로 보고 있어야 했다. 내가 추구한 행복은 거짓이고 환상에 불과했다. 그 상황이 내가 스스로 만든 결과라는 사실을 인정하기까지는 다시 몇 달이 걸렸다. 나를 그곳까지 오게 한 것은 근래에 일어난 일련의 사건들이 아니었다. 지금까지 살아온 시간이 지금 그 자리에 오게 한 것이었다. 생각이 여기에 이르자 문득 나 자신에게 한 가지 질문을 하게 되었다.

"지금까지 세상에 길들여진 방식이 아닌 새로운 방식으로 살 수 있지 않을까? 내가 정말 어떤 사람이고 어떤 삶을 원하는지 점검해보고 처음부터 다시 시작할 수 있지 않을까?"

욕조에 앉아서 이 질문에 대한 답을 찾으려고 정신을 집중하자 내 눈앞에 어렴풋이 과거의 삶에서 탈출하는 길이 보이기 시작했다. 먼저 내 삶을 완전히 정직하고 객관적인 관점에서 재평가해볼 필요가 있다고 느꼈다. 사람들이 칭찬하고 부러워하는 삶이 아니라 내가 정말 원하는 삶을 살아야겠다고 생각했다. 그동안 너무 오래 기다렸다는 생각이 들었다. 그리고 다음 순간 감사함을 느꼈다. 지금까지 많은 것을 놓치고 살았지만 그런 경험을 통해 성장할 수 있다면 그만한 가치가 있었다고 나 자신을 위로했다. 많은 시간과 비용을 허비했고 자존심은 밑바닥으로 추락했지만 더 이상 잃을 것이 없다고 생각하니 앞으로 주어질 새로운 기회에 대한 기대가 나를 일으켜 세웠다. 마침내 나는 다시 두 발을 땅에 딛고 일어났다. 다시 일어서서 전보다 더 잘할 수 있다는 것을 나 자신에게 증명해보이고 싶었다. 나를 가두어 두고 있는 굴레를 벗고 세상에 나의 새로운 모습을 보여주겠다고 다짐했다.

'그래, 나의 의지와 욕구를 숨기고 사는 것은 이제 그만하자. 누군가의 기대에 맞춰서 사는 것은 이제 그만, 억지 미소를 띠고 다른 사람들의 비위를 맞추는 것은 이제 그만, 더 나은 삶을 원할 자격이 없다고 자책하는 것은 이제 그만, 약속을 지키지 않는 사람을 용서하는 것은 이제 그만. 마음이 상하지 않은 척하는 것은 이제 그만, 내 목소리과 야망을 낮추면서 사는 것은 이제 그만, 참고 희생하면서 그래도 괜찮다고 말하는 것은 이제 그만하자'고.

2년여에 걸쳐 여러 가지 트라우마, 질병, 성장, 변화를 겪으면서 자의반 타의반으로 나는 마침내 정신적인 독립에 도전하게 되었고 내 삶의 방식을 원점으로 되돌리는 실험을 시작했다. 단지 친분이 있다는 이유로 만나거나 나를 힘들게 하고 고갈시키는 사람들과의 관계를 정리했다. 바닷가 작은 마을로 거주지를 옮겼고 점차 마음의 평화를 되찾았다. 어릴 때 그랬던 것처럼 솔직하고 자유롭게 나 자신을 표현하겠다고 마음을 먹자 내가 할 수 있다고 생각되는 일들이 많아졌다. 평소에 관심을 갖고 있었던 주제에 대해 배우고 그 동안의 경력과 경험을 바탕으로 글을 쓰는 일에 더 많은 시간을 보냈다. 그러다가 그동안 여성으로 살아온 세월이 나에게 어떤 영향을 미쳤는지에 대한 글을 쓰기 시작했다. 그리고 나를 포함한 여자들이 다음과 같은 성 편견을 자신의 것으로 받아들임으로써 스스로 유리상자 안에 갇혀버릴 수 있다는 결론을 내렸다.

1. 여자는 약자다.
2. 여자는 목소리가 크면 안된다.
3. 여자는 홀로서기가 어렵다.
4. 여자는 역량이 부족하다.
5. 여자는 감정적이다.
6. 여자는 양보하고 희생한다.
7. 여자는 선택을 받아야 한다.
8. 여자는 꾸며야 한다
9. 여자는 하는 역할이 따로 있다.
10. 여자는 예외에 속한다.

위의 열 가지 인식이 모두 여자들의 의식에 자리잡고 있지는 않을 것이다. 하지만 어떤 생각은 의식적으로 부정을 해도 마음 속 어딘가에 숨어 있을지 모른다. 단 한 가지라도 당신이 꿈을 펼치고 발전하는 것을 가로막고 방해하는 믿음이 있다면 이번 기회에 깡그리 날려 버리기 바란다. 그럴 수 있다면 이 책은 충분히 읽을 만한 가치가 있을 것이다. 왜냐하면 그 한 가지 생각의 변화가 인생 전반의 변화로 이어질 수 있고 당신의 삶을 한 단계 향상시킬 수 있기 때문이다.

아이들은 부모가 믿어주는 만큼 성장한다는 말이 있다. 성인이 된 우리는 자기 자신을 믿는 만큼 성장하고 발전할 수 있다. 한 연구에서는 운동 능력 발달 수준이 비슷한 생후 11개월 유아들을 대상으로 경사진 비탈길을 기어 내려오게 하고 엄마에게 아이가 얼마나 경사진 비탈을 내려올 수 있는지 짐작해 보게 했다. 그 결과 엄마들은 아들의 운동 능력을 오차 범위가 1도 이내로 비교적 정확하게 예상한 반면 딸의 운동 능력에 대해서는 9도나 낮게 예상했다. 엄마가 아이의 운동 능력을 낮게 평가한다면 걱정하는 마음에서 자연히 아이의 행동을 제한하게 된다. 부모가 보여주는 이러한 반응은 아이들의 뇌 형성과 기능에 직접적인 영향을 주고, 그로 인해 시간이 갈수록 남아와 여아의 행동에 점점 더 뚜렷한 차이가 생길 수 있다.

이제 우리 자신을 제한하는 선입견과 믿음에 대해 의문을 제기하고 잃어버린 자신감을 되찾을 때가 되었다. 어떤 기회가 주어졌을 때 주저하거나 어떤 사람과의 만남이나 이별에 대해 망설이고 있다면 그 이유는 무엇인가? 어떤 두려움과 불안감 또는 걱정이 앞선다면 그 이유는 무엇인가? 그러한 감정은 어떤 생각으로부터 유래되었으며 과연 확실한 근거가 있는 것인가? 우리 사회의 통념과 주변 사람들의 평가를 아무런 의심 없이 받아들인 것은 아닌가?

우리가 갖고 있는 믿음이나 무의식적 행동이 어디에서 유래된 것인지를 아는 것은 자신에 대해 알 수 있는 가장 중요한 깨달음이다. 우리 자신이 어떤 사람인지를 분명히 아는 것으로부터 삶을 한 단계 발전시킬 수 있는 변화가 가능해진다. 나는 진정한 성인이 되기 위해서는 스스로 알을 깨고 나와야 한다는 데미안의 성찰을 굳게 믿는다.

나는 연단에 서서 청중들에게 즐거움과 영감을 주려고 노력하지만, 몇 년 전부터 내가 하는 이야기가 그들에게 좀 더 지속적인 영향을 미칠 수 있는 방법에 대해 고민하기 시작했다. 강연이 끝나면 사람들이 찾아와서 말한다. "훌륭한 강연 잘 들었습니다. 덕분에 힘이 나네요."

하지만 다음 주에 만나서 어떻게 하고 있는지 물어보면 다시 원래대로 돌아갔다고 했다. 나는 그런 식으로 계속하고 싶지 않았다. 내가 하는 일은 무대 위에서 춤을 추고 즐거움을 주는 것이 아니라 사람들을 변화시키는 촉매가 되는 것이기 때문이다. 지속 가능한 변화를 만들지 못한다면 얼마 안가 내가 하는 모든 노력이 말짱 도루묵이 될 것이다. 그래서 궁리를 하다가 수강료를 두 배로 올려 받는 대신 4개월의 '사후관리' 기간을 추가해서 사람들에게 어떤 변화가 있는지 점검하는 시간을 갖기로 했다.

그리고 이 책에는 자가진단 페이지를 마련해서 독자들이 스스로 사후관리를 할 수 있도록 했다. 훌륭한 자기계발서가 많이 나와 있지만 책을 읽으면서 느끼는 깨달음과 다짐은 오래 가지 못한다. 어떤 주제에 대한 생각을 글로 적다보면 새로운 질문을 하고 거기에 답을 하게 된다. 다른 사람들의 생각이 아닌 자신의 생각에서 답을 찾게 된다. 그렇게 할 수 있다면 이 책은 당신의 책이 될 것이다. 빈 칸이나 여백에 직접 적을 수도 있고 따로 노트를 준비해서 작성할 수도 있다. 전자책으로 읽는 경우에는 메모 기능이나 어플을 사용해서 입력할 수 있을 것이다.

자가진단에 나오는 모든 질문에 차례로 답을 할 필요는 없다. 책을 다 읽은 후에 할 수도 있다. 그 후에도 당신의 삶에 어떤 변화가 있다거나 용기와 자신감이 필요할 때 언제든지 다시 책을 열어 질문에 대한 답을 업데이트하면서 자신을 점검해보기 바란다.

— 유리상자 깨부수기 / 자각은 변화의 시작

우리는 오래된 편견을 던져 버리는 대신 상당히 소중히 여긴다. 더욱 안타까운 것은 편견이기 때문에 소중히 여긴다는 점이다.

에드먼드 버크

무엇이 나를 작아지게 하는가

유리상자 # 1

여자는 약자다

사람들은 누가 물어보지 않는대도 내 몸에 대해 이러쿵저러쿵한다. 내 몸은 구경거리나 평가의 대상이 아니다. '당신 정말 날씬하군요.' 라는 말은 나에게 칭찬이 아니다. 나는 사람들이 내 몸에 대해 어떻게 생각하는지 알고 싶지도 않다. 내 몸에 대한 언급을 그만두기 바란다.

– 첼시 데수자, 작가

여성의 몸은 항상 뭇사람들의 평가 대상이 된다. 시대에 따라 변하는 미의 기준이나 남자들의 성적 취향에 맞추어서 우열이 가려진다. 살이 찌면 뚱뚱하다고 놀리고 마르면 볼품이 없다고 깎아내린다. 가슴이 작거나 엉덩이가 크거나 키가 너무 작거나 너무 크거나, 모든 것이 비판의 대상이다.

내가 어릴 때 아버지는 종종 사람들 앞에서 어머니에게 '뚱뚱하다. 살 좀 빼라'는 말을 수시로 아무렇지도 않게 했다. 수치심을 주려는 의도는 아니었지만 아내의 몸에 대해 불편한 언급을 계속하면서도 그런 말이 부적절하다는 생각은 하지 않았다. 내가 열세 살이던 해에는 어느 날 정원을 지나 수영장으로 걸어가고 있는데 아버지가 불쑥 앞을 가로막고 폴라로이드 카메라로 사진을 찍었다. 그는 내 사진을 보여주면서 비키니로 다 가려지지 않는 신체 부위를 가리켰다.

"이거 좀 봐라. 이러다가 네 엄마처럼 뚱보가 되겠구나."

아버지가 딸을 사랑하고 아껴서 하는 말이었겠지만 그 때 내가 느꼈던 수치심이 지금도 잊히지 않는다.

그 후로 부모님은 나를 발레 교습소에 보냈고 그 곳에서 나는 날씬하고 우아하면서도 강인한 몸을 가진 발레 강사들을 보며 자극을 받았다. 하지만 그 곳은 현실 세계가 아니라고 느꼈고 강사들이 아이들의 몸매를 지적하는 말도 들은 기억이 없다. 그런데 정작 친척들과 부모님 친구들은 나의 꿈이나 장래 희망을 물어보기보다 여성의 특징을 갖추어 가고 있는 내 몸을 이러 저리 살펴보면서 말했다.

"아주 날씬하구나." 그 다음에 항상 덧붙이는 말이 있었다. "여자는 나이를 먹으면 몸이 불어날 수 있으니까 조심해라!"

그다지 특별할 것이 없는 나의 어린 시절 이야기를 하는 이유는 사람들이 아무런 의식이 없이 아이들에게 일상적으로 여성의 몸에 대한 편견을 심어준다는 사실을 환기시키기 위해서다. 우리가 매일 접하는 미디어와 광고에서는 여성의 외모에 대해 끊임없이 지적을 하면서 어떻게 하면 소위 여성적인 몸을 가질 수 있는지에 대해 알려준다. 십대 소녀들이 몸을 줄이기 위해 거식과 폭식을 반복하는 섭식장애에 시달리고 성인이 되어서도 평생 다이어트에 많은 시간과 돈을 쏟아 붓는 것을 보면 그 폐해가 얼마나 크고 오래 가는지 알 수 있다.

가녀린 몸을 '여성스럽다'고 정의하는 획일적인 미의 기준은 여자들의 신체뿐만이 아니라 정신까지 움츠러들게 한다. 여성은 아담하고 가벼운 몸을 가져야 한다고 누가 정해놓았는가? 여성에게 강요하는 몸은 누구를 위한 몸일까? 미디어의 상업주의와 여성을 성적 대상화하고 지배하려는 남자들의 불순한 의도가 맞물려서 우리의 몸과 정신을 구속하고 있는 것이다.

얼마 전에는 시내 커피숍에 앉아서 글을 쓰고 있을 때 맞은편에 앉아 있던 남자가 내 앞자리로 와서 말을 건넸다. 그는 내가 어떤 글을 쓰고 있는지 궁금해했다. 마침 이 책을 쓰기 위해 남자들의 생각도 듣고 있었으므로 나는 그에게 이런저런 질문을 했다. 그는 자신이 종사하는 IT분야에서 일하는 남녀의 성비 불균형에 대해 이야기하면서 내가 쓰는 책이 반드시 필요하다고 격려를 아끼지 않았다. 내가 약속이 있다면서 자리에서 일어나자 그는 헐리우드볼에서 열리는 콘서트에 함께 가자고 하면서 전화번호를 알려주었다. 나는 며칠 후에 그의 초대를 수락하는 문자를 보내면서 콘서트에 어떤 옷을 입고 가야 하는지 물었더니 곧바로 이런 답장이 돌아왔다. '당신 같은 몸매라면 어떤 옷을 입어도 멋질 겁니다.'

나는 남자들이 여자들의 몸을 힐끗거리고 시도 때도 없이 부적절한 언급을 하는 것에 익숙하다. 하지만 여성이 우리 사회에서 직면하는 문제에 대해 잠시나마 진지한 고민을 나눈 남자에게서 내 몸매에 대한 평가를 들었을 때 매우 불쾌하게 느꼈다. 만일 여자가 처음 만난 남자에게 '손목에 차고 있는 시계가 정말 비싸 보이네요', '최신형 벤츠를 타는군요', '고급 주택에 사는군요'라는 식의 평가를 한다면 남자는 분명 여자가 자신보다 돈에 관심이 있다고 생각해서 기분이 상할 것이다.

우리의 몸은 누군가의 구경거리나 놀림거리의 대상이 아니라 개인의 정신과 영혼을 담고 있는 그릇이자 세상과 연결하는 주체로 존중 받아야 한다. 하지만 어느 분야에서나 개인의 인격이나 능력보다 외모로 구분하는 성별 이미지가 더 우세하게 작용하는 것이 현실이다.

얼마 전 헬스트레이너로 일하는 친구 제이슨 웜벌리를 만났다. 제이슨은 부업으로 게이 모델을 하고 있는데 높은 하이힐을 신고 런웨이를 걸으며 여성들에게 자신감 있고 당당한 걸음걸이의 본보기를 보여줄 뿐 아니라 성별의 경계를 허무는 파격으로 관중에게 즐거움을 선사한다. 그는 자신이 게이라는 사실을 숨기지 않으며 단지 남성의 생식기를 갖고 있다는 이유로 자연스러운 욕구를 억누르지 않는다고 말한다. 하지만 우리 사회의 성 고정관념이 그의 직업적 성공에 미치는 영향에 대해 누구보다 뼈아프게 실감하고 있었다. 그는 남성적 이미지를 선호하는 피트니스 업계에서 성 고정관념이 가장 큰 걸림돌이 된다고 말했다.

"내가 직접 개발한 훈련법은 피트니스 업계에서 좋은 평가를 받고 있어요. 체력적으로도 젊은 남성 트레이너들에게 절대 밀리지 않아요. 사실 런웨이에서 하이힐을 신고 파워풀하게 걷는 것도 힘이 좋아야 하죠. 결국 문제는 실력보다 성별 이미지입니다. 사람들은 내가 여성적 이미지를 갖고 있다는 이유로 남자들을 훈련하는 트레이너로서의 능력을 의심하죠."

알고 보면 고착화된 성별 이미지로 인해 불이익을 받는 사람들은 여자들과 성소수자들뿐만이 아니다. 남자들도 마찬가지로 여성적인 이미지를 갖고 있으면 사회에서 소외를 당한다. 여성적인 남자 아이들은 종종 놀림거리가 되고 학교폭력의 희생자가 되고 사회생활에서 어려움을 겪는 등, 평생 씻을 수 없는 상처를 안고 살아간다.

우리가 지금 살고 있는 현대 사회에서 요구하는 힘은 더 이상 상대방을 제압하고 위협하는 무력이 아니라 의사소통과 공감 능력이다. 영장류에 대한 연구에 따르면 동물의 세계에서도 힘으로 우두머리가 되는 것이 전부는 아니다. 진화인류학자 브라이언 헤어는 『다정한 것이 살아남는다Survival of Friendiest』에

서 호모사피엔스가 지구를 정복하고 생존할 수 있었던 것은 다
정함과 친화력, 공감과 협력, 호기심과 놀이의 특성을 갖고 있기
때문이라고 주장한다.

공격적이고 폭력적인 수컷들은 종종 내부적으로 위협이 되고
외부적으로 표적이 되기 쉬우므로 안정적인 사회를 위해 걸러
내는 것이 최선이다. 자연에서 어떤 종들이 중대한 전환기를 겪
으면서 생존에 성공해온 역사를 돌아보면 친화와 협력을 증진
하는 방향으로 진화해온 것을 알 수 있다.

사실 힘으로 상대를 제압하고 가슴을 두드리며 영역 표시
를 하는 것은 정글에 사는 고릴라뿐만이 아니다. 위계질서가 있
는 직장에서 일하다 보면 걸핏하면 힘과 권위를 과시하는 상사
를 만난다. 나는 직장에 처음 입사해서 얼마 되지 않았을 때 믿
기지 않는 일을 당한 적이 있다. 한 고위직 임원이 여직원들 앞
에서 성희롱에 가까운 농담을 이어가기에 내가 참을 수가 없어
서 그만하는 것이 좋겠다고 공손하게 부탁했다. 순간 그는 나에
게 다가오더니 내 머리를 아래로 누르고 등을 찰싹 때렸다. 키
가 작은 나는 하마터면 그의 가랑이 사이로 들어갈 뻔 했다. 모
두가 놀라서 입을 벌렸고 그는 마치 자신의 행동이 단지 또 다
른 농담일 뿐이라는 듯이 어색하게 웃었다. 하지만 그가 한 행
동은 전혀 우습지 않았다. 그는 물리적인 힘을 사용해서라도 내

가 자신에게 고개를 숙이는 것을 보고 싶었던 것이다. 나는 당황한 나머지 어찌할 바를 모르고 얼굴을 붉히며 방에서 나왔다. 나중에 나는 그를 따로 만나서 그의 눈을 똑바로 쳐다보며 말했다. "다시 나에게 손을 대면 그 때는 큰 코 다칠 줄 아세요."

그는 우물쭈물하더니 자신이 한 행동을 '늑대 본성'으로 돌리는 터무니 없는 변명을 했다. 당시에 나는 사회생활을 시작한 지 얼마 되지 않았을 때여서 그런 경우에 어떻게 대처해야 하는지 생각해본 적이 없었다. 지금 다시 나에게 그런 일이 일어나면 사람들이 보는 앞에서 당당하게 사과를 요구해야 한다는 것을 알고 있다.

여성을 지배하려고 하거나 경쟁 대상으로 느끼는 남자는 여자들이 언제까지나 약자로 남아 있기를 바랄 것이다. 그래서 여자를 억압하고 폄하하고 폭력을 행사한다. 힘을 과시하는 이런 행동은 자제력이라는 중요한 정신적 능력이 결여된 증거다. 진정한 힘이란 누군가를 지배하고 공격하는 것이 아니라 자신의 가치관과 신념을 말과 행동으로 보여주는 것을 의미한다. 정신적으로 강한 사람은 공감과 소통을 통해 문제를 해결한다. 또한 자신이 틀렸을 때는 생각을 바꾸거나 철회할 수 있는 융통성과 포용력이 있다. 부드러움과 강함은 서로 다른 것이 아니다. 우리는 강함과 부드러움을 둘 다 가질 수 있다. 우리의 정신은 강하면서 부드러울 수 있다.

인구의 절반을 차지하는 여성은 우리 사회에서 약자가 아니며, 약자가 되기를 거부해야 한다. 여성을 약자로 인식하는 그 자체가 차별을 불러오기 때문이다. 사회적 약자란 신체적 또는 문화적 차이로 인해 사회의 주류 집단에게 차별을 받거나 스스로 차별을 받고 있다는 의식을 가진 사람들을 말한다. 남녀는 생물학적인 차이가 있고, 여성은 일반적으로 남성보다 체격이 작고 힘이 약한 것은 사실이다. 하지만 현대 사회에서는 강자와 약자가 체력에 의해 구분되지 않는다. 남자들 중에서도 상대적으로 체력이 약한 사람들이 있지만 그렇다고 해서 사회적 약자라고 하지는 않는다. 게다가 여성은 남성의 단순한 축소판이 아니라 남성이 갖고 있지 않은 임신과 출산을 위한 기능을 갖고 있다. 서로 다른 신체 구조와 기능을 갖고 있는 남녀의 몸은 비교 대상이 될 수 없다. 여성이 약자라는 인식을 받아들인다면 남녀의 동등한 권리를 주장하지 못할 것이고 언제까지나 사회적 약자로 남게 될 것이다.

우리 자신을 가녀린 몸에 가두어 두려고 하면 신체적으로 뿐 아니라 정신적으로 위축이 된다. 열정과 꿈은 작아지고 잠재력을 개발하고 능력을 표현하는 데 소극적이 된다. 여성적인 몸에 대한 강박증에서 벗어나기 위해서는 다른 사회적 편견과 고정관념과 마찬가지로 관점을 바꿔서 생각하는 연습이 필요하다. 우리의 체중은 먹는 음식과 운동 외에도 유전적 요인이 작용하기 때문에 의지력이 전부가 될 수 없다. 그래서 외모 콤플렉스로 인한 낮은 자존감, 다이어트 강박과 섭식장애로부터 벗어나자는 운동이 일어났다. 몸 긍정주의body positivity 운동은 여자들이 몸에 대한 획일적인 기준을 거부하고 자신의 몸을 있는 그대로 존중하고 사랑하자는 운동이다. 매일 아침 거울에 비친 자신의 몸을 보며 칭찬을 해주는 것은 우리 몸에 대한 생각을 긍정적으로 바꾸는 연습이 될 수 있다. 이를테면, '나는 체형이 특별해서 남다른 개성을 표현할 수 있지.', '볼록한 배가 나름 사랑스럽네.' 등등.

하지만 무조건 자신의 몸에 만족한다는 것은 현실적으로 한계가 있다. 또한 비만은 신체 건강에 부정적인 영향을 미친다는 사실을 무시할 수 없다. 그래서 새로 나타난 것이 몸 중립주의 body neutrality 운동이다. 이 운동의 기본 이념은 몸의 외형이 아니라 기능에 초점을 맞추고 우리가 몸으로 할 수 있는 것들에 감사하는 것이다. 따라서 외모로 사람을 평가하는 가치관을 버리고 우리의 몸을 바라보는 관점을 바꾸는 것이 필요하다. 몸은 우리에게 많은 일을 할 수 있게 해준다. 자연을 즐길 수 있고. 원하는 활동에 참여할 수 있고, 사랑하는 사람을 안을 수도 있다. 다이어트를 위한 과식이나 거식은 타인의 시선을 의식해서 우리 몸을 함부로 혹사하는 것이다. 우리의 몸이 하는 말에 귀를 기울이지 않고 다른 사람들의 시선을 더 중요하게 생각하는 것이다. 우리를 행복하게 해줄 수 있는 사람은 어느 누구도 아닌 우리 자신이다. 다른 사람들의 눈에 아름답게 보이려고 애쓰기보다 있는 그대로 우리 몸을 인정하고 건강하게 보살펴야 한다.

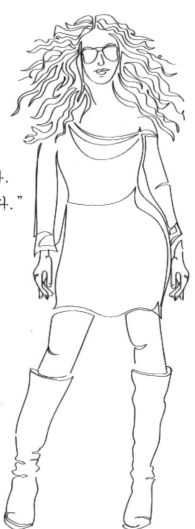

"나는 움츠리지 않는다.
어디서나 환하게 빛난다. "

자가진단

가녀린 몸을 '여성스럽다'고 정의하는 미의 기준에 맞추려고 하면 우리의 몸뿐 아니라 정신과 삶까지 구속하는 결과를 가져온다. 여성에게 강요하는 몸은 누구를 위한 몸일까? 여성은 아담하고 가벼운 몸을 가져야 한다고 누가 정해놓았는가? 여성의 몸에 대해 어떤 생각을 갖고 있는지, 여성을 약자로 남아 있게 만드는 편견과 고정관념이 우리가 몸을 돌보는 방식과 세상을 살아가는 방식에 어떤 영향을 주고 있는지 생각해보자.

여성의 가녀린 몸을 선호하는 일반적인 인식에 어느 정도 동의하는지 점수를 매긴다면? 1에서 5까지 ＿＿＿＿점

여성의 몸에 대한 인식과 관련해서 어린 시절부터 지금까지 경험하거나 느낀 바를 이야기해보자.

그러한 경험을 통해 나는 어떤 영향을 받았는가?

나는 어떤 상황에서, 또는 어떤 사람과 있을 때 움츠러들고 작
아지는 느낌이 드는가? 그 이유는 무엇인가?

여자를 작고 약한 존재로 인정한다면 그 이유는 무엇이고, 거기
서 내가 얻는 것과 잃는 것은 무엇인가?

지금과 같은 태도와 행동을 유지한다면 평생 나는 어떤 삶을 살
게 될까?

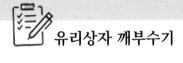

유리상자 깨부수기

누구에게 보여주기 위해서가 아니라 사랑하는 사람들을 힘껏 안아줄 수 있고 꿈꾸는 미래를 향해 달려갈 수 있는 건강하고 강건한 몸을 만들기 위해서는 몸에 대한 나의 생각에 어떤 변화가 필요한지 생각해보자. 내 몸을 긍정할 수 없으면 나 자신을 긍정할 수 없고 내 삶을 긍정할 수 없다. 나의 몸을 획일적인 미의 기준에 맞추려고 하기보다 나만의 개성을 표현하는 스타일을 찾아보자. 우리의 몸은 각자 다르기 때문에 아름답고 특별하다.

여자는 약자라는 인식과 관련해서 나에게 변화가 필요하다고 생각된다면 어떻게 달라져야 할까?

_____

_____

_____

지금 당장 시도해볼 수 있는 도전은 무엇이 있을까 ?

_____

_____

생각과 행동의 변화를 위해 어떤 환경이 도움이 될까? 변화를
위해 멀리해야 하는 관계가 있는가?

여자는 약자라는 유리상자를 깨고 나오도록 나 자신을 격려해
보자.

여성의 몸에 대한 편견에서 벗어난다면 앞으로의 삶이 어떻게
달라질 수 있을지 상상하고 묘사해보자

여자는 목소리가 크면 안된다

무엇보다 내가 여자들에 대해 놀라는 점은 다른 사람들의 '호감'을 사기 위해 기꺼이 자신의 주장을 버린다는 것이다. 여자들은 어릴 때부터 호감을 사는 것이 매우 중요하며 어떻게 해야 호감을 살 수 있는지 배운다. 여자가 목소리를 높이거나 자기 주상이 강하면 사람들이 좋아하지 않는다는 것을 알게 된다.

—치마만다 응고지 아디치에, 소설가

우리 사회는 공정하고 친절하고 남을 배려하기보다 경쟁하고, 앞에 나서고, 배를 흔들고, 단호하고, 목소리가 큰 남자들에게 더 많은 권한과 보상을 제공한다. 반면에 여자들은 몸뿐 아니라 목소리도 줄이라는 메시지를 받는다. 여자가 목소리를 높이거나 문제를 제기하면 모욕적인 조롱이나 비난을 해서 입을 다물고 있게 만든다. 여자가 까다롭다, 과시욕이 있다, 드세다, 고집불통이라는 말로 핀잔을 준다. 이런 말들을 듣다보니 여자들은 당당하게 자신을 표현하지 못하고 꿈과 야망을 드러내지 않으려고 한다.

어디서나 흔하게 볼 수 있는 다음과 같은 장면을 떠올려보자. 직장에서 남자 직원 A가 여자 직원 B의 불규칙한 생리 휴가에 대해 농담을 한다. B는 기분이 상하지만 어색하게 웃으며 방을 나간다. 다른 사람들은 그녀의 뒷모습을 보며 킥킥거리고 웃는다. 그러자 A는 자신이 한 농담에 동료들이 웃는 것을 보고 의기양양해진다.

이럴 때 무슨 일이 일어나는가? 모욕감을 느끼면서도 항의를 하지 않고 침묵한다면 어떤 결과가 돌아올까? B는 겉으로는 아무렇지도 않은 척하지만 속으로 수치심과 좌절감을 느낀다. 그런데도 A에게 이의를 제기하지 않고 회피한 이유는 무엇일까? B는 A가 농담을 한 말에 신경 쓸 필요가 없고 무시해버리는 것이 나을 것이라고 생각할 수 있다. 사소한 일에 대꾸할 가치가 없다고 생각할지 모른다. 긁어 부스럼을 만들지 않을까? 고지식하고 재미없는 사람으로 보이지 않을까? 분위기를 어색하게 만들지 않을까? 괜히 망신만 당하는 것은 아닐까? 뒤에서 수군거리고 흉을 보지 않을까?

행동 분석 연구에 의하면, A의 행동에 B가 보이는 반응은 A가 그 이후에 하는 행동에 80% 이상 영향을 미치는 것으로 추정된다. 게다가 B가 침묵하고 위축이 되면 그에 반비례해서 A가 하는 행동은 점점 더 과감해지고 다음에는 부적절한 접촉을 시도할 수도 있다. B의 반응이 A에게 앞으로 같은 행동을 얼마든지 해도 된다고 허락하는 셈이기 때문이다. 성적 농담이 반드시 성폭력으로 이어지는 것은 아니지만, A는 자신의 행동을 상대방이 어디까지 참는지를 보고 그 다음 행동을 준비할 수 있다.

반면 B의 회피 행동은 자기 자신을 더욱 구석으로 몰아가는 결과를 가져온다. 침묵하는 것으로 충돌을 피하는 식의 반응이 습관화되면서 그럴 때마다 점점 더 위축이 된다. 이를 부정적 강화라고 한다. 방을 나가거나, 침묵을 지키거나, 제 3자에게 하소연을 하는 것으로는 어떤 변화도 일어나지 않는다. 십중팔구 같은 상황을 다시 마주하게 될 것이고 상황은 점점 더 악화될 것이다. 사소하다고 생각해서 문제를 그대로 방치하면 언젠가는 더 큰 위협으로 돌아올 수 있다.

그러면 어디까지 참아야 할까? 경계는 어디에 있는가?

경계는 우리가 선을 그리는 곳에 있다. 우리 자신을 지키고 상대방에게 교훈을 주기 위해서는 단호하게 목소리를 내야 한다. 어떤 반응이 돌아올지 몰라서 주저한다면 상대방은 더욱 커지고 우리 자신은 더욱 작아질 수밖에 없다.

직장 여성 3명 중 1명은 회사에서 상사나 동료로부터 성추행·성폭행·성희롱 피해를 입은 경험이 있다는 조사 결과가 있다. 남자들이 많은 직장일수록 여자들을 따돌리거나 성희롱적 발언과 행동이 일상적으로 일어난다. 하지만 여자들이 피해를 입고도 참고 넘어가거나 마치 아무 일도 없었던 것처럼 지나가는 경우가 모든 유형의 성희롱이나 성폭력 사건에서 절반 이상이었다. 오히려 피해를 입은 여직원이 스스로 회사를 그만둔 경우도 30%나 됐다. 대응을 해도 상황이 나아지지 않을 것이라고 보기 때문이다. 자칫 문제를 제기했다가 돌아올 불이익에 대한 우려도 컸다.

여자들이 직장 내 성희롱에 대해 불평하는 것을 들을 때마다 나는 그들에게 묻는다.

"그래서 어떻게 하셨어요?"

그러면 다음과 같은 대답이 돌아온다.

"그냥 무시해버렸어요."

"조용히 방에서 나와 버렸어요."

"그런 날은 저녁에 친구들을 만나서 화를 풀어요."

내가 다시 질문한다.

"아무 말도 하지 않았다고요?"

그러면 대부분 이런 대답이 돌아온다.

"당연히 한마디 해주고 싶었죠. 하지만…"

'하지만…'으로 시작하는 여자들의 변명은 다양하다.

"하지만 그 자리에서 대꾸를 하면 내가 더 곤란해질 것 같았어요."

"하지만 감정적인 여자로 보이고 싶지 않았어요."

"하지만 화를 낼 만큼 심각한 상황은 아니었어요."

"하지만 내가 화를 낸다고 뭐가 달라지겠어요? 부질없어요."

"하지만 나는 원래 누군가에게 모진 말을 잘 못하는 성격이에요."

정말 그럴까? 사실은 여자가 목소리를 높이는 것에 대해 스스로 거부감을 갖고 있는 것은 아닐까? 당당하게 맞설 용기가 없는 것이 아닌가? 상대방의 심기를 건드리지 않는 것이 더 중요하다고 느끼기 때문인가? 다른 사람들의 생각에 당신의 목소리가 묻히지 않도록 하자.

나는 이웃집에 혼자 살고 있는 여자와 가끔 길에서 마주치면 인사를 주고 받는 사이로 지내다가 어느 날 집으로 불러서 같이 차를 마셨다. 각자 하는 일에 대해 대화를 나누다가 그녀는 오랜 세월이 흘러도 완전히 치유가 되지 않는 자신의 이야기를 들려주었다. 그녀는 열다섯살 때 아버지의 친한 친구에게 성추행을 당하고 아버지에게 말했다. 하지만 그녀의 아버지는 딸이 하는 말을 믿지 않다가 어느 날 그 친구의 수상쩍은 행동을 직접 목격하고 나서 절교를 선언했고 그 과정은 3년이라는 긴 시간이 걸렸다. 게다가 아버지의 친구라는 사람은 어떤 처벌도 받지 않았다. 그녀는 지금도 외상 후 스트레스 장애로 인해 사람들을 잘 믿지 못하고 남자들과 친밀한 관계를 맺지 못한다고 털어놓았다.

성폭력의 거의 80%는 신고나 보고가 되지 않는다고 한다. 우리 사회가 여자들에게 자기검열을 요구하기 때문이다. 여자들은 다른 사람들이 어떻게 느낄지 먼저 생각해야 하고 다른 사람들의 반응에 대해서도 책임도 져야 한다. 예를 들어, 성폭력 사건이 일어나면 여자가 자초를 했다고 말로 2차 피해를 가한다.

"여자가 옷차림이 그게 뭐야? 그러고 다니니까 당하는 거야."

"여자가 거부를 하지 않았으면 폭행이 아니지."

"나중에 여자가 했던 행동으로 미루어 보면 일방적으로 당했다고는 볼 수 없어."

이런 분위기 속에서 여자들은 피해자가 되어서도 자신의 감정과 의도를 믿지 못하고 혼란에 빠진다. 성인지 감수성은 성범죄 관련 사건을 피해자의 관점에서 바라보고 이해해야 한다는, 당연하고 단순한 개념이다. 여권신장과 양성 평등에 대한 목소리가 높아지기 시작한지 오랜 세월이 흘렀음에도 불구하고 미투 운동과 성인지 감수성이 최근에 와서야 공론화된 것은 우리 사회에서 여성 폄하가 얼마나 뿌리 깊이 자리 잡고 있고 일상화되고 간과되고 있는지를 반증해준다.

부당한 상황에서 침묵하는 것은 사람들의 무감각과 무지함을 눈감아주고 그들이 함부로 행동하도록 부추기는 셈이다. 백지수표를 내주고 같은 행동을 다시 반복하도록 허용하는 셈이 된다. 성차별적 시각과 행동에 대해 경고를 하지 않고 회피한다면 그들에게 배울 기회를 주지 않는 것이고, 따라서 우리 사회는 교양을 갖춘 시민들로 구성된 건전한 공동체로 발전할 수 없다. 용기를 내서 잘못을 바로잡는다면 잠시 불편한 상황을 겪을지 몰라도 언젠가는 진실이 밝혀지고 모두의 지지를 받게 된다. 다만 방어적이 되거나 상대방을 비난하지 않고 차분하고 단호한 태도로 자신의 입장과 생각을 전달하는 것이 중요하다.

우리는 침묵해야 할 때 불필요한 말을 내뱉고 후회를 하는 경우가 종종 있다. 분풀이를 하거나 험담을 하면 그 순간은 속이 후련할지 몰라도 결국 그 화살은 자기 자신에게 돌아온다. 그래서 우리는 침묵을 미덕으로 알고 목소리를 높이는 것에 대해 거부감을 갖고 있다. 하지만 부당함 앞에서 침묵한다면 당장은 아무 일 없이 지나갈 수 있겠지만 나중에 더 큰 어려움에 처할 수 있다. 또한 우리 자신 뿐 아니라 다른 누군가도 같은 피해를 입을 수 있다.

얼마 전 전쟁 범죄와 테러리즘에 관한 다큐멘타리를 시청했는데 테러리스트로 활동하다가 전향한 남자가 등장해서 말했다.

"부패한 정권이 사용하는 전략 중에 하나는 여자들을 침묵시키는 겁니다. 여자들이 부당함과 탄압에 맞서 목소리를 높이기 시작하면 어떤 세력이든지 오래 버티지 못하는 법이죠."

아직 어린 나이에 인류애와 도전 정신으로 세상을 변화시키는 데 앞장선 소녀가 있었다. 2012년 학교를 가기 위해 버스를 타고 가던 소녀에게 한 남자가 다가와 이름을 묻더니 다짜고짜 머리에 총 세 발을 쏘았다. 한 발은 이마에 박히고 두 발은 뺨과 어깨를 각각 관통했다. 생사를 넘나들다가 기적적으로 목숨을 건진 말랄라 유사프자이는 열한살 때부터 이미 탈레반과 맞서서 여학생들의 교육을 지지하는 운동을 펼치기 시작했다. 단지 '여자 아이들도 학교에 갈 자격이 있다'는 주장을 한다는 이유로 살해 위협을 받으면서도 유사프자이는 꿋꿋하게 아동과 여성의 권리를 위해 투쟁을 계속했고 열일곱의 나이에 최연소 노벨상 수상자가 되었다.

말랄라 유사프자이가 테러 위협에 굴복했다면 제 3세계에서 박해 받는 여성들을 위한 교육은 어디로 가고 있을까? 그레타 툰베리가 학교를 가지 않고 기후 위기를 경고하는 시위에 나서지 않았다면 점점 심각해지는 기후 변화에 대한 대책은 지금 어디쯤 와 있을까? 이 소녀들은 어린 나이에도 불구하고 우리 사회와 인류가 가야 하는 방향에서 여성의 목소리와 역할이 얼마나 중요한지 보여주는 귀감과 영감이 되고 있다.

"온유함과 강함은 같은 것이다.
우리는 부드러우면서 강할 수 있다."

자가진단

　오랫동안 사람들은 여성을 비하하고 폄하하는 언행을 하면 서도 성차별이라는 의식이 없었고, 여자들은 부당하게 느끼고 불편하면서도 당당하게 맞서 목소리를 높이지 못해왔다. 편견, 차별, 불의에 맞서 싸우지 않고 침묵한다면 세상은 바뀌지 않는 다. 모든 변화의 시작은 나 자신으로부터 시작된다. 이의를 제기 하고 의견을 말해야 하는 상황에서의 침묵은 금이 아니라 어둠 이다.

여자는 목소리가 크면 안된다는 생각에 어느 정도 동의하는지 점수를 매긴다면? 1에서 5까지.　　　　＿＿점

여자는 목소리가 크면 안된다는 인식과 관련해서 어린 시절부 터 지금까지 느끼고 경험한 바를 이야기해보자.

그런 경험으로부터 나는 어떤 영향을 받았다고 느끼는가?

_____

_____

_____

목소리를 내야 할 때 침묵한다면 그 이유는 무엇이고, 거기서
얻는 것과 잃는 것은 무엇인가?

_____

_____

_____

지금과 같은 태도와 행동을 계속 유지한다면 평생 어떤 삶을 살
게 될까?

_____

_____

_____

유리상자 깨부수기

    부당한 상황에서 두려움 때문에 침묵하는 것은 사람들의 무감각과 무지함을 눈감아 주고 그들이 함부로 행동하도록 부추기는 셈이다. 우리가 싸워서 이겨내야 하는 괴물은 외부에 있는 것이 아니라 우리 내면에 있다. 두려움이라는 괴물은 회피하고 억누를수록 점점 더 힘이 세진다. 회피를 한다고 해서 사라지지 않는다. 용기를 내서 맞서 싸워야 극복할 수 있다. 그리고 그런 경험에 익숙해질수록 두려움이 가진 힘은 약해진다.

여자는 목소리가 크면 안된다는 생각과 관련해서 나에게는 어떤 변화가 필요한가?

지금 당장 시도해볼 수 있는 도전은 무엇인가?

새로운 변화를 위해 어떤 도움이 필요할까? 어떤 상황이나 관계가 변화를 방해하고 있는 것은 아닌가?

여자는 목소리가 크면 안된다는 유리상자를 깨고 나오도록 자신을 격려해보자.

내 생각과 의지를 분명하게 표현한다면 앞으로의 삶이 어떻게 달라질 수 있을지 상상하고 묘사해보자.

여자는 홀로서기가 어렵다

페미니즘은 단지 여성에 관한 문제가 아닙니다.
모든 사람이 보다 충만한 삶을 살도록 하기 위한 운동입니다.

— 제인 폰다, 영화배우

　내가 마지막으로 일한 직장에서 어느 날 샌프란시스코 지사를 오가면서 업무를 보는 직책에 지원하라는 메일을 받았다. 한 달에 두 번 비행기를 타고 출장을 가는 일이었다. 나는 지사가 위치한 현지 사정에 대해 배울 기회라고 생각해서 신청을 하고 인사 담당자와의 면담 준비를 충분히 했다. 그런데 한 가지 예상하지 못한 질문을 받았다. 그는 나에게 비행기를 타고 가서 하룻밤을 묵고 돌아오는 출장 여행을 다닐 수 있겠는지 물었다. 분위기를 가볍게 전환해보려고 나는 사실 여행을 무척 좋아한다고 대답했다. 혼자서 미대륙 횡단을 두 번이나 했고, 한 달 동안 배낭을 메고 42개국을 도는 세계 일주를 했는데 칠레에서는 기관총을 든 군인들 한가운데로 운전을 해서 지나가야 했다는 이야기도 했다. 곧 결혼을 하는데 신혼여행은 동남아로 갈 생각이라는 말도 덧붙였다.

"그렇군요. 그런데 결혼을 해도 자주 출장을 다닐 수 있겠습니까?" 그가 다시 한 번 물었다.

처음에 나는 그가 무슨 말을 하는지 잘 이해가 되지 않아서 우물쭈물하다가 대답했다.

"음…남편이 반대하지는 않을 거예요."

내가 남자였다면 그런 질문을 받는 일은 질대 없었을 것이다. 나는 그때 당황한 나머지 해야 할 말을 제대로 하지 못했다. 나는 그에게 분명하게 말해야 했다. '내가 어떤 일을 하는지는 내가 결정합니다. 출장을 다니는 것과 결혼 생활이 무슨 관련이 있는 거죠? 여자는 남자의 허락을 받지 않으면 아무것도 혼자 못한다고 생각하는 건가요?'라고 말이다.

직장을 그만두고 창업을 하기로 결정했을 때는 주변사람들로부터 격려와 응원보다는 회의적이고 부정적인 반응을 들었다.

"그래. 배짱만 가지고 되는 일이 아닐 텐데."

"여자 혼자 사업을 하는 것이 쉽지 않을 거야."

"당신이 자동차 미등을 고칠 수 있다면 반대하지 않을게요."

한껏 창업의 꿈에 부풀어 있던 나는 이런 말을 듣고 주눅이 들기 시작했다. 그들이 무례하거나 나를 무시해서 하는 말이 아니라는 것은 알고 있었다. 남자 위주로 돌아가는 세상에서 여자 혼자서는 성공하기 어려울 거라고 걱정하는 마음도 알고 있다. 하지만 내가 남자였더라도 창업을 한다는 말에 가벼운 농담을 하듯이 받아 넘겼을까? 남자에게도 자동차 미등을 고칠 수 있다면 창업을 할 자격이 있다는 말을 할까?

그 후 1년 가까이 밤낮으로 열심히 일해서 마침내 W3RKWELL이라는 사설 연구소를 설립했다. 그러자 행동분석 커뮤니티에서 함께 활동하는 남자 두 명이 내 주위를 맴돌기 시작했다. 그들은 나 혼자서는 회사를 키우기가 어려우니 자신들이 투자자를 구해보겠다고 제안했다. 또한 내가 하는 역할을 줄이고 자신들의 도움을 받는 것이 사업을 더 쉽고 안전하게 할 수 있다고 설득했다. 우리는 회의를 몇 차례 하면서 동업 조건에 대해 의논했다. 그리고 정식으로 계약서에 사인하는 날이 되었다. 하지만 그들이 갑자기 계약 조건을 하나 더 추가했는데, 투자자의 여자친구를 영업 팀장으로 채용하자는 것이었다. 하지만 그 역할은 당시에 필요하지 않았을 뿐만 아니라 한 번도 논의한 적이 없었기에 배신감을 느꼈다. 나는 화가 나서 자리를 박차고 나왔다. 지난 한 해를 곰곰이 돌이켜보니 그들이 그 동안 내가 사업에 성공하기 위해서는 남자가 필요하다는 식으로 가스라이팅을 해 왔다는 것을 깨달았다.

인생에는 정답이 없다. 문제가 생기면 누구도 아닌 나 자신에게서 답을 구해야 한다. 물론 조언을 들어볼 수는 있지만 결국은 스스로 판단하고 결정해서 행동으로 옮겨야 한다. 나는 여자들이 두 가지 면에서 독립을 해야 한다고 생각한다. 정신적 독립과 경제적 독립이다. 정신적으로 의존적이 되면 경제적으로 취약해지고, 경제적으로 독립하지 못하면 의존적이 될 수 밖에 없는 악순환에 빠지므로 반드시 두 가지 조건을 모두 충족해야 한다.

나는 이혼을 하면서 경제 문제와 관련해서 미래가 불안하게 느껴졌던 적이 있었다. 경제적 독립은 단지 돈에 관한 문제가 아니라 우리 자신의 삶에 대해 스스로 결정을 내리기 위해 반드시 필요한 조건 중에 하나다. 경제력은 우리에게 많은 것을 가능하게 해준다. 하지만 누군가에게 경제적으로 의지하면 작은 문제도 자신의 의지에 의해 결정할 수 없다. 원하는 목표를 추진하고 취미 생활을 하고 세상을 여행하면서 다양한 경험을 할 수 있다.

또한 경제 활동을 하면서 노동의 가치와 책임감, 사회에서 사람들과 어떻게 어울리며 살아야 하는지 배울 수 있다. 사냥과 채집으로 생계를 해결하던 선사시대로 거슬러 올라가보면 여자는 임신과 육아로 자손을 안전하게 돌보기 위해 집에 머물면서 전적으로 남자에게 의지해야 했다. 하지만 남성이 부양자이고 여성은 가정주부라는 인식은 현대사회에서 더 이상 유효하지 않다. 이제 전통적인 가정에서의 성역할과 '수동적 여성성'과 '능동적 남성성'이라는 의식은 여자들이 자신을 지키기 위해 가장 먼저 극복해야 하는 구시대의 유물이다. 따라서 아이들이 미디어에 대한 비판 능력을 갖추기 전에 성 편견을 고착화시키는 내용에 자주 노출되면 진로 선택, 가치관, 대인 관계에 중대한 영향을 줄 수 있다는 점에 대해 우리 모두가 경각심을 가져야 한다.

관계를 중요시하는 경향이 있는 여자들은 독립적이고 자율적인 행동이 친밀한 관계를 어렵게 할 수 있다는 두려움을 가질 수 있다. 하지만 정신적으로 의존적인 성향을 갖게 되면 독립적이고 자유로운 사고가 불가능해지므로 새로운 상황이나 모험을 두려워하고 끈기, 회복탄력성, 문제해결 능력이 떨어져서 시간이 갈수록 살기가 힘들어진다. 의지하는 사람 곁에 항상 붙어서 관심과 애정을 지속해서 확인하려고 하고 상대방이 나를 버리고 떠나가지 않을까 두려워하고 의심한다. 남자들은 처음에 의존적인 여자에게 매력을 느낄 수 있다. 남자의 보호 본능과 기사도 정신을 자극하고 남성으로서의 자기 효능감을 높여주기 때문이다. 하지만 얼마 안가 남자는 여자에게 심리적 부담감을 느끼고 멀리하게 된다. 그러면 여자는 배신감과 상실감을 느끼고 자신을 희생하면서까지 관계를 유지하려고 매달린다. 아니면 재빨리 다른 상대를 찾아서 의지하려고 하면서 또 다시 불행

한 관계를 맺게 된다.

독립적이 된다는 것은 혼자 사는 것을 의미하는 것이 아니라 혼자서도 얼마든지 잘 살 수 있을 때 누군가와 행복한 관계를 맺을 수 있다는 의미다. 외로움을 채우기 위해서, 자신의 약점을 보완하기 위해, 경제적으로 의존하기 위해서 누군가를 만난다면 그 관계는 언젠가 무너지게 되어 있다. 평등한 관계가 아닌 주종관계가 되어 상대방에게 모든 것을 맞추다가 자신이 무엇을 원하는지조차 모르게 된다. 위험 신호가 있어도 무시해버리고 관계를 유지하기 위해 전전긍긍하다가 뒤늦게 뭔가 잘못되었다는 것을 알게 되고 그 동안의 노력과 시간이 부질없었다는 것을 알게 된다. 벨기에의 작가이자 심리치료사인 에스더 페렐은 에는 적당한 거리두기가 필요하다고 말한다.

남녀 간의 사랑은 두 사람 사이의 공간에서 번창한다. 관계의 모호함을 허용하는 능력은 성숙한 사람의 특징이다.

비단 남녀관계뿐 아니라 어떤 관계에서나 적당한 거리를 두는 것이 필요하다. 상대방과 가까워지기 위해 무조건 양보하고 희생한다면 그 관계는 오래 지속되기 어렵다.

우리의 삶을 스스로 관리하고 책임질 수 있을 때 자신감과 자긍심도 함께 자라난다. 우선순위와 한계를 정해서 각각의 활동에 얼마나 시간과 노력을 할애할 것인지 생각해보면 도움이 될 것이다.

1. 자신이 중요하게 생각하는 가치가 무엇인지 알기
2. 타인의 시선과 비판에서 자유로워지기
3. 다른 사람들과 자신을 비교하지 않기
4. 분명한 경계를 정해서 지키기
5. 본인과 타인의 다름을 인정하기
6. 몸과 마음의 건강을 돌보기
7. 경제에 대해 배우기
8. 자신의 시간을 갖고 열정을 추구하기
9. 순수한 목적의 봉사활동에 참여하기
10. 같은 문제 의식을 가진 사람들과 연대하기

지금 다니는 조직에서 사다리를 오르기를 원하는가? 예술가의 삶을 동경하는가? 혼자 세계 일주를 떠날 계획을 하고 있는가? 새로운 사업을 시작하는 꿈을 갖고 있는가? 이제 디즈니 애니메이션 〈겨울왕국〉의 엘사처럼 두려움이라는 얼음 궁전을 부수고 나와 당신에게 주어진 자리를 찾아갈 때가 되었다.

어떤 꿈을 향해 가고 있던지 그 과정에서 다른 누군가에게 의지한다면, 내가 경험한 것처럼, 힘들게 쌓아올린 공든 탑이 언제 무너질지 알 수 없다. 강하고 독립적인 여성이라면 누구의 눈치도 보지 않고 스스로 판단해서 결정할 수 있다. 자신이 어떤 사람인지 무엇을 원하는지 알고 있기 때문이다. 삶은 매순간 우리에게 선택을 요구하고 우리가 하는 선택에 따라 결과가 달라질 수 있다. 어떤 선택이 부정적인 결과로 돌아오면 후회를 하고 자책을 하기도 한다. 그래서 누구나 선택 앞에서 망설이고 고민한다. 하지만 사람들이 말하는 소위 '옳은 선택'이란 애초에 존재하지 않는다. 우리의 삶에는 통제할 수 없는 변수가 무수히 많아서 한치 앞을 알 수 없기 때문이다. 어떤 선택이 부정적인 결과를 가져왔다고 해도 시간이 지나 전화위복으로 바뀔 수도 있다. 아니면 적어도 실패를 통해 교훈과 경험을 얻고 성장할 수 있다.

실패를 달게 받아들이는 법을 배우자. 실패는 경험이자 배우고 발전할 수 있는 기회다. 걷는 법을 배우기도 전에 날기를 기대할 수는 없다. 결과가 기대에 미치지 못한다고 해서 세상이 끝나는 것은 아니다. 용기를 잃지 않고 일어서서 꾸준함이 열쇠라는 것을 기억하자. 원하는 삶을 향해 가기 위해서는 부당한 압력에 굴하지 않는 자신감과 용기, 비난 받는 것을 두려워하지 않는 배짱, 넘어져도 다시 일어서는 회복 탄력성이 필요하다.

작은 것부터 시작해서 스스로 판단하고 선택해서 그 결과를 감내하고 책임을 지는 연습을 하자. 그 과정에서 자신이 어떤 사람인지 점점 더 분명하게 알게 될 것이다. 기억할 것은 당신은 사실 생각보다 훨씬 더 많은 일을 처리할 수 있는 잠재력을 갖고 있다는 것이다. 문제가 생겼을 때 가장 중요한 원칙은 불평을 그만두고 조치를 취하는 것이다. 지금 불행하다고 느낀다면 당신을 힘들게 하는 상황이나 사람에게서 거리를 두고 객관적이고 다각도로 상황을 검토해보는 것부터 시작하자. 현실을 똑바로 직시하고 객관적 사실에 근거해서 그 누구도 아닌 나 자신에게서 답을 찾아야 한다.

자가진단

　독립적인 여성이 된다는 것은 누군가에게 의지하지 않고 스스로 행복을 찾을 수 있다는 것을 의미한다. 의존적인 여자들은 여성성을 자신을 보호하는 무기이자 생존 수단으로 여기는 경향이 있다. 이것은 여성성을 잘못 이해하는 것이고 자기 자신을 위태롭게 하는 생각이다. 혼자서는 엄두가 나지 않아서 하지 못하고 있는 것이 있는가? 새로운 도전을 두려워한다면 그 이유가 무엇인지 들여다보고, 과연 그것이 합리적인 이유인지 생각해보자.

여자는 홀로서기가 어렵다는 생각에 어느 정도 동의하는지 점수를 매긴다면? 1에서 5까지.　　　　　　 ＿＿점

이러한 인식과 관련해서 어린 시절부터 지금까지 경험하거나 느낀 바가 있다면 이야기해보자.

그런 경험을 통해 나는 어떤 영향을 받았는가?

--- -

특히 어떤 문제나 상황에서 다른 사람에게 의지하는 경향이 있

는가? 그 이유는 무엇인가? 거기서 내가 얻는 것과 잃는 것은

무엇인가?

지금과 같은 생각과 태도를 유지한다면 평생 어떤 삶을 살게 될

것인가?

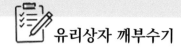

유리상자 깨부수기

　오랫동안 갖고 있었던 믿음이나 습관적인 행동에 대해 어느 날 갑자기 의문을 갖기는 쉽지 않다. 아니면 자신의 행동에 문제가 있다고 느끼면서도 바꿀 수 있다거나 바꿔야겠다는 생각을 해본 적이 없을 것이다. 어떤 행동이라도 그 나름대로 이유가 있기 때문이다. 예를 들어, 새로운 도전을 회피하는 이유는 실패하거나 거부를 당하는 것이 두렵기 때문이다. 하지만 우리의 삶을 한 단계 발전시키기 위해서는 변화와 도전이 필요하다. 같은 행동을 반복하면서 다른 결과를 기대할 수는 없다.

여자는 홀로서기가 어렵다는 생각과 관련해서 변화가 필요하다고 생각한다면 어떻게 달라져야 할까?

--- ----

지금 당장 시도해볼 수 있는 도전은 무엇인가?

새로운 변화를 위해 어떤 도움이 필요할까? 어떤 상황이나 관계가 변화를 방해하고 있는 것은 아닌가?

_____

_____

_____

여자는 홀로서기가 어렵다는 유리상자를 깨고 나오도록 자신을 격려해보자.

_____

_____

_____

누군가에게 의지하지 않고 독립적이 된다면 앞으로의 삶이 어떻게 달라질 수 있을지 상상하고 묘사해보자

_____

_____

_____

여자는 역량이 부족하다

> 그들은 나를 보며 고개를 가로젓거나
> 정말 자격이 있는지 의심하지 않을 거야.
> 나는 죽기 살기로 달리느라 지쳐버렸어.
> 내가 남자라면 그 곳에 더 빨리 갈 수 있을 거라고 생각하면서...
> 무슨 옷을 입든지, 어떤 무례한 행동을 해도
> 나의 멋진 아이디어와 힘찬 동작과는 별개라고 하겠지.
> 내가 남자라면 말이지.
> −<더 맨The Man>, 테일러 스위프트

몇 년 전 구글 본사의 사내 홈페이지에 올라온 글이 실리콘 밸리 전체를 술렁이게 만든 사건이 있었다. '구글의 이념적 생태계'라는 제목으로 올라온 글의 내용은 거의 충격적이었다.

"실리콘밸리에 여성 임원의 수가 적고 남녀 간 임금 격차가 나는 이유는 남녀의 생물학적 차이에 의한 당연한 결과다. 남성과 여성은 태생부터가 다르다. 여성은 신경질적이며 스트레스에 취약하기 때문에 기술업종에서 일하기 어렵다. 구글은 이러한 남녀의 생물학적 차이를 무시한 채 여성들의 편만 드는 좌편향적 기업이다."

요지는 구글이 남녀 차이를 인정하지 않고 유능한 남자들을 역차별하고 있다는 주장이었다. 그 글이 노골적인 성차별과 여성 비하라는 논란이 확산되자 구글은 다음과 같은 입장을 표명했다.

"우리 회사는 직원들의 표현의 자유를 지지하지만 그의 주장은 선을 넘었다. 편견과 차별이 없는 사내 문화를 만들기 위해 노력하는 구글의 가치에 어긋나는 행동이다."

구글은 그 글을 올린 백인 남성 직원에게 해고 통지를 했다. 덧붙이자면, 그 직원은 다음 해에 부당해고를 당했다고 구글을 상대로 소송을 제기했다가 2년 후 소송을 취하했는데 어떤 조건으로 합의를 했는지는 알려지지 않았다.

첨단을 달리는 세계적인 IT 기업에서 구태의연한 남녀 차별적 생각을 가진 사람이 그 남자 직원뿐일까? 실리콘밸리에서 일하는 회사원들을 대상으로 구글의 해고 조치에 대한 찬반 의견을 묻는 설문 조사에서 반대 의견이 절반을 넘는 결과가 나왔다. 반대를 하는 이유는 표면적으로는 개인적인 표현의 자유를 지지한다는 것이었지만 그 속내를 들여다보면 아마 여성의 지적 능력을 의심하는 사람들이 적지 않을 것이다.

여성의 능력에 대해 회의적인 시각을 공공연하게 드러내는 사람들은 우리 주변에서 얼마든지 볼 수 있다. 직장이나 사회에서 여자는 기본적으로 남자보다 역량이 부족하다는 인식이 깔려 있는 것이다. 실제로 여자들은 업무수행 평가에서 남자들보다 더 높은 점수를 받아도 임원이 되는 것은 하늘에 별따기나 다름없다. 하버드 비즈니스 리뷰의 2019년 기사에 따르면 포춘지 선정 500대 기업 중 여성 리더를 보유한 기업은 8퍼센트도 되지 않았고 지금도 그 숫자는 크게 달라지지 않았다.

지도자에게는 다른 사람들을 이끌어가는 확신이 필요하지만 여전히 여성이 자기 주장을 하는 것에 대해 거부감을 느끼는 사람들이 있다. 남자에게는 확고한 리더십을 기대하고 여자에게는 양보하고 화합하기를 기대한다. 실리콘밸리의 성공한 기업가 셰릴 샌드버그는 저서 『린 인Lean In』에서 여성이 조직의 리더로 일하면서 겪는 고충에 대해 말했다. "여자가 일을 주도하려고 하면 리더십을 인정받기보다 태도가 고압적이라는 꼬리표를 달게 되는 경우가 종종 있다."

나는 이 책을 쓰면서 여성의 능력을 인정해주지 않는 기업의 분위기에 대한 불만을 직접 들을 수 있었다.

"오늘 회의에서 아이디어를 냈다가 무시를 당했는데 남자 동료가 같은 아이디어를 내놓으니까 관심을 보이더군요."

"남자들은 여자가 직장에 다니면서 집안일을 하는 것에 대해 당연하게 여깁니다."

"면접관이 저에게 아이를 언제 가질 건지 물었습니다. 정말 거북했어요. 마치 나에 대해 알고 싶은 것이 그것뿐인 것 같았죠."

알고 보면 양성 평등을 떠들썩하게 홍보하는 회사들도 뒤에서는 여자들을 진지하게 받아들이지 않는다. 여자들이 제시하는 의견은 회의 중에 종종 무시를 당하며 남자 동료가 인정을 해주면 그제야 겨우 관심을 받는다. 내가 아는 트랜스젠더 의사는 자신의 경험담을 들려주었다. 여성에서 남성으로 성전환을 한 후에 사람들이 그를 대하는 태도에서 달라진 점이 없느냐고 질문하자 그는 미소를 지으면서 담담하게 말했다.

"한 가지 재미있는 이야기를 해드리죠. 남성이 된 후에 분명 더 많은 특권을 누리고 있습니다. 갑자기 회의에서 사람들이 나에게 중요한 결정에 대해 묻기 시작했어요. 내가 전보다 많이 알고 더 열심히 일하는 것은 아닌데도 말입니다."

실패에서 배운다는 공식은 여자들에게는 좀처럼 허락되지 않는 것 같다. 우리 사회는 남자들의 실수나 실패에 대해 관대하고 위로와 격려를 보내지만 여자들에게는 좀 더 비판적이고 가혹하다. 여자들은 어릴 때부터 사람들 앞에서 하면 안 되는 행동이 많다. 남자 아이가 하는 행동을 여자아이가 하면 엄격하게 제지하고 몸가짐을 조심하라고 주의를 준다. 그러다보니 어떤 행동을 하기 전에 자기 검열부터 하게 되고 완벽하지 못하고 기대에 미치지 못하는 것에 대해 불안감을 느낀다.

연구에 따르면, 70%의 사람들이 경력을 쌓아가는 과정에서 가면 증후군을 경험한 적이 있다고 한다. 사기꾼 증후군이라고도 불리는 가면 증후군은 높은 성취의 증거에도 불구하고 자신이 똑똑하거나 유능하거나 창의적이지 못하다고 믿으며, 자신의 능력에 대해 남들을 기만하고 있다고 생각하는 심리 현상을 말한다. 지위가 올라갈수록 능력보다는 운이 좋아서 그 자리에 있는 것이라고 느끼고 마치 사기를 저지르고 정체가 드러나게 될까봐 두려워하는 것처럼 초조하고 불안해한다.

우리가 가진 능력에 상관없이 자신감 부족으로 고민하는 것은 여자들에게만 해당되는 문제가 아니다. 하지만 여자들은 자신의 노력과 능력을 스스로 의심하고 폄하하는 증상을 더 많이 겪는다. 남성이 주를 이루는 부문에서 일하는 소수의 여성이나 소수 인종에게서 흔히 볼 수 있는 현상이기도 하다. 소수자 우대 정책 덕분에 지금 있는 그 자리에 올 수 있었다고 생각해서 자신의 능력을 의심하는 것이다. 하버드대 심리학과를 졸업한 배우 나탈리 포트만은 대학 졸업식 연설에서 말했다.

"내 입학이 결정되었을 때 분명 착오가 있었으리라 느꼈고 그 후로도 매 순간 '멍청한 여배우'가 아니라는 사실을 증명하려고 애써야 했습니다."

우리 자신의 능력과 성취에 대해 자부심을 갖는 것은 건강한 심리다. 가면 증후군은 겸손이 아니다. 겸손은 훌륭한 자질이지만 자신감과 조화를 이룰 때 진정성을 인정받을 수 있다. 상대를 이길 수 있다는 것을 알지만 싸우지 않는 것이 진정한 겸손이다. 자신감이 없는 겸손은 강자에게 굴복하는 비굴함에 불과하다. 반면에 진정성이 없는 겸손은 자신의 우월함을 확인하기 위한 조롱에 불과하다.

자신감이 없다는 것은 자신에 대한 확신이 없다는 것이지 실제로 무능하다는 의미는 아니라는 점을 기억하기 바란다. 다만 우리 자신의 능력을 의심하는 것은 다른 편견들과 마찬가지로 자기충족 예언이 될 수 있다. 우리가 가진 능력과 기량에 대해 확신을 갖지 못하면 그에 부합하는 행동을 하게 되고 결국 현실이 되는 것이다. 우리 자신을 믿지 못하는데 어떻게 다른 사람들이 우리를 믿을 수 있겠는가. 자신감 없는 태도를 취하면 당연히 다른 사람들도 의심을 하게 된다.

그러면 어떻게 하면 나를 당당하게 표현하기 위해 필요한 자신감을 회복할 수 있을까? 나는 부족하지 않다고 자신을 설득하는 것으로는 해결이 되지 않는다. 우선 어떤 상황에서 자신감이 무너지는 느낌이 드는지 아는 것이 필요하다.

자신감이 없을 때의 심리 상태

- 비판에 지나치게 민감하다.

- 칭찬을 믿지 않는다.
- 다른 사람들이 나를 부정적으로 평가한다고 가정한다.
- 완벽하지 못한 것을 지나치게 걱정한다.
- 항상 다른 사람들과 자신을 비교한다.
- 다른 사람들을 위협적으로 느낀다.
- 자신의 욕구는 그다지 중요하지 않다고 생각한다.
- 수복 받는 것을 피한다.
- 다른 사람의 성공을 기뻐하지 않는다.
- 일어나지 않은 일을 미리 걱정한다.
- 모두에게 잘 보이려고 노력한다.
- 다른 사람들의 결점에 초점을 맞춘다.

우리에게 주어진 직책에 걸맞는 실력을 갖추어야 하는 것은 당연하다. 알고 보면 소위 전문직이라고 하는 직종 뿐 아니라 모든 일은 전문성을 요구한다. 어떤 위치에 있거나 톱니바퀴 하나가 잘못되면 전체 시스템이 기능을 하지 못한다. 세상이 아무 문제 없이 움직이고 있는 것은 각자 자신의 위치에서 세밀한 부분까지 파악하고 관리하는 사람들이 있기 때문이다. 따라서 업종과 재능에 따라 다르기는 하지만 어떤 일에서나 전문성을 인정을 받기까지 시간이 걸리는 것은 당연하다. 그러나 시간을 투자한다고 해서 누구나 전문가가 될 수 있는 것은 아니다.

심리학자 앤더스 에릭슨이 말한 '1만 시간의 규칙'은 전문가가 되기 위해 보통 걸리는 시간을 말한다. 그는 특히 음악계에서 최고의 기량을 갖춘 연주자들에 대해 연구했는데 대부분 진지한 연습에 1만 시간 이상을 몰두한 것으로 밝혀졌다. 그 시간은 단순히 반복적인 작업이 아니라 진전을 이루기 위해 과제에 집중하는 것을 의미한다. 따라서 한 분야에서 오래 일한다고 해서 누구나 성공할 수는 없다. 누가 시키지 않아도 책임감과 열정을 갖고 꾸준히 실력을 연마해야 한다. 노력이나 실력이 없는 자신감은 근거가 없는 자만심에 불과하다. 어떤 문제를 해결할 수 있다는 자신감이 있으면 노력을 하게 되고, 노력을 하면 점점 자신감이 올라간다.

물론 처음에는 숙련자의 감독과 지시를 받아야 한다. 무의미하고 지루하게 느껴지는 반복 작업을 수년간 해야 할지도 모른다. 때로는 왜 그렇게 해야 하는지 회의가 들기도 할 것이다. 하지만 직접 부딪치고 실수하면서 결코 이론으로는 배울 수 없는 예측이 불가능한 다양한 문제점을 해결하는 경험을 하게 된다. 이것은 지름길이 없다. 기초를 닦는 필수적인 과정이다. 나중에 돌이켜보면, 그런 지루하고 반복적인 작업이 다음 단계로 나아가기 위한 토대가 되었다는 것을 알게 된다. 그리고 마침내 프로라는 이름으로 불리게 되었을 때 그 타이틀에 걸맞는 실력을 갖추게 되는 것이다. 결국 직접 부딪쳐서 '해답'을 찾아야 한다는 것을 알게 된다. 다시 말해, 지식과 기술보다 훨씬 더 중요한 것, 즉 요령, 지혜, 통찰력을 갖추게 된다.

가면 증후군은 개인의 배경, 성격, 환경에 따라 다른 형태로 나타날 수 있다. 『성공한 여성의 숨겨진 생각The Secret Thoughts of Successful Women』의 저자인 밸러리 영 박사는 가면 증후군의 종류를 완벽주의자형, 슈퍼맨/슈퍼우먼, 천재형, 단독자형, 전문가형의 다섯 가지로 분류했다. 나는 거기에 덧붙여서 각 유형에 따라 가면 증후군을 극복하기 위한 질문과 처방을 제시하겠다. 어떤 유형에 속하는지 알고 문제점을 바로잡는다면 자신감을 회복하는 데 도움이 될 수 있을 것이다.

완벽주의자형

완벽주의와 가면 증후군은 종종 나란히 간다. 완벽주의자들은 기준을 지나치게 높게 세우고 거기 도달하지 못하면 자기 회의와 자격지심에 빠진다. 자신이 하는 일은 100% 완벽해야 한다고 생각해서 모든 것을 직접 하거나 일일이 확인해야 한다고 느낀다. 이 유형에 해당되는지 잘 모르겠다면 다음과 같은 질문을 해보자.

- 노심초사하는 스타일인가?
- 남에게 일을 맡기지 못하는가? 남이 하는 일은 마음에 들지 않고 실망스러운가?

- 결과가 만족스럽지 않으면 자책을 하고 며칠 동안 곱씹 어 보는가?

처방: 이러한 유형이라면, 어떤 일을 해도 결과에 만족하지 못 한다. 왜냐하면 훨씬 더 잘 할 수 있다고 믿기 때문이다. 그로 인 해 과로를 하기 쉽고 일을 마무리하지 못하고 뒤로 미루게 되 므로 생산적이지도 않고 건강하지도 않다. '완벽한 때'를 기다 리다가 계획을 실행에 옮기지 못하거나 기회를 놓칠 수도 있다. 결과보다는 과정을 중시하고 실수를 과정의 일부로 여기고 받 아들이는 자세가 필요하다.

슈퍼우먼/슈퍼맨형

자신의 존재 가치를 증명해 보이려고 한다. 그래서 다른 사람 들의 문제까지 해결해주려고 분주하게 뛰어다닌다. 외부의 평 판에 민감하고 비판을 받아들이지 못한다. 다른 사람들을 도와 주지만 속으로는 그들이 자신보다 못하다고 생각하고 무시하거 나 군림하는 경향이 있을 수 있다. 이 유형에 속하는지 잘 모르 겠다면 다음 질문에 답해보자.

- 할 일을 끝내고도 늦게까지 사무실에 머무르는가?
- 휴식은 시간 낭비라고 느끼는가?
- 일을 위해 취미생활과 열정을 포기하는가?

처방: 일 중독은 사실 인정 욕구가 강하기 때문에 생기는 것일 수 있다. 승부욕이 강하고 남들과 비교하고 경쟁하면서 스트레스를 받을 수 있다. 그러다가 몸과 마음의 건강을 해칠 수 있고 삶의 균형이 무너질 수 있다. 다른 사람들에게 인정을 받으려고 애쓰기보다는 자신을 보살피면서 내면의 자신감과 자긍심을 기르도록 하자. 시간의 여유를 되찾는다면 억눌려 있던 열정과 창의성을 발견할 수도 있다.

천재형

남들보다 뛰어난 '천재'가 되어야만 인정을 받는다고 생각하는 유형이다. 노력의 가치보다 일을 얼마나 쉽게 빨리 하는지를 기준으로 자신의 능력을 평가한다. 따라서 처음부터 잘할 수 있어야 한다고 생각하고 진도가 느리거나 실수를 하면 자괴감을 느낀다. 완벽주의자와 마찬가지로 실현 불가능할 정도로 기준을 높게 설정한다. 이 유형에 해당하는지 잘 모르겠다면 다음 질문애 답 해보자.

- '올 A'를 받거나 반에서 1등을 한 적이 있는가?
- 어릴 때 '똑똑하다'는 말을 자주 들었는가?
- 혼자 할 수 있다고 생각해서 누구에게 부탁하는 것을 꺼리는가?
- 실수나 실패가 두려워서 새로운 도전을 피하는가?

처방: 배우고 발전하는 과정이 중요하다는 것을 명심하자. 아무리 천재라고 해도 평생 배우는 자세가 필요하다. 기대에 미치지 못했거나 목표를 달성하지 못했을 때 자책을 하는 대신 어떤 부분을 보완해야 하는지에 초점을 맞추자. 반대로 자신의 능력을 너무 믿고 태만하거나 게을러지는 것을 경계해야 한다.

단독자형

다른 사람들의 도움을 받는 것에 대한 거부감을 갖고 있다. 혼자서 이루어낸 것이어야만 온전한 성취라고 느낀다. 또한 도움을 청하는 것을 의지가 약하기 때문이라고 생각한다. 이 유형에 해당하는지 잘 모르겠다면 다음 질문에 답해보자.

- 무엇이든 혼자서 끝까지 해내야 한다고 생각하는가?
- 누구의 도움도 필요하지 않다고 생각하는가?
- 업무 수행에 필요한 도움을 받는 것을 조직이 아닌 개인의 문제라고 생각하는가?

처방: 독립적인 것은 좋지만 자신의 능력을 증명하기 위해 도움을 거절하는 것은 현명하지 않다. 필요할 때 도움을 청하는 것은 부끄러운 일이 아니다. 무슨 일이든지 어떤 과정에서 실수가 있을 수 있다. 동료들과 상사의 의견을 들어보거나 확인을 구한다면 실수를 줄일 수 있고 신뢰감을 줄 수 있다. 정보를 공유하

는 소통 능력을 더한다면 현대 사회에서 큰 성공을 거둘 수 있을 것이다.

전문가형

전문성이나 능력으로 사람을 평가하는 유형이다. 따라서 자신의 능력이 부족하거나 무지가 드러나는 것을 두려워한다. 이 유형에 해당하는지 잘 모르겠다면 다음 질문에 답해보자.

- 모든 자격 조건을 갖출 때까지는 원하는 직장이나 직위에 도전하지 않는가?
- 당장 필요하지 않은데도 계속 교육을 받거나 자격증을 따고 있는가?
- 상당 기간 실무 경험을 쌓았지만 여전히 충분하지 못하다고 느끼는가?

처방: 우리는 평생 교육이 필요한 시대를 살고 있다. 하지만 배움은 끝이 없으므로 무작정 지식의 축적에 매달리는 것은 오히려 목표 달성을 지연시킬 수 있다. 필요할 때마다 지식을 습득하는 적시 학습으로 대체하자. 어느 수준에 도달하면 실무 경험을 통해 자신의 지식을 확인할 수 있는 방법을 찾아보자. 후배들에게 멘토링을 하거나 자원봉사를 하면서 자신이 알고 있는 것을 쉽게 설명하고 활용하다보면 어느 부분에서 공부가 좀더 필요한지 알 수 있을 것이다.

자신의 능력을 과신하지 않는 것은 자만에 빠지지 않고 주어진 업무를 성실하게 수행하기 위해 필요한 자세이기도 하다. 위의 다섯 가지 유형들은 각각 장단점이 있으며 한쪽으로 치우칠 때 문제가 된다. 자신의 능력에 대해 객관적으로 평가하고 균형을 잡아야 한다. 자신에게 주어진 지위가 과분하다고 느끼면 스스로 압박을 받고 과도하게 일에 몰두하다가 건강을 해칠 수도 있고, 실패하는 것을 두려워해서 업무에 소극적이 될 수 있다. 만일 가면 증후군에 시달리고 있다면 다음 세 가지를 상기하기 바란다.

- 내가 경쟁해야 하는 상대는 나 자신뿐이다.
- 인간은 완벽할 수 없다. 누구에게나 약점이 있다.
- 나에 대해 다른 사람들이 어떻게 생각하는지는 중요하지 않다. 나에 대해서는 내가 가장 잘 알고 있다.

우리가 일을 하는 이유는 경력을 추구하기 위한 것일 수도 있고 경제적 이유로 일을 하지 않으면 안될 수도 있다. 하지만 일과 가정의 균형은 여자들에게 더욱 힘든 일이다. 현실은 그렇게 만만하지 않고 한 가지도 제대로 해내기 어렵다. 요즘 워킹맘들은 모든 일을 완벽하게 해내야 한다는 강박관념을 느끼고 우울증에 시달린다. 임신, 출산과 육아는 경력 단절로 이어지기도 한다. 직장에서 남자들과 동등한 평가를 받기 위해 애쓰면서 집에서는 완벽한 엄마이자 주부가 된다는 것은 불가능에 가깝다. 열정과 노력만 있으면 여자도 성공할 수 있다는 것은 격려 차원에서 하는 입에 발린 말에 불과하다. 오히려 그런 말은 직장과 가정에 충실하지 못한 책임은 자신에게 있다는 부담감과 죄책감을 느끼게 할 뿐이다.

살아가면서 어려움이 있다면 도움을 받을 수 있는 방법을 적극 모색해서 좀 더 수월한 환경을 조성하는 것은 누구에게나 필요한 적응 능력이다. 직장과 가정에서 모든 것을 다 잘할 수 없다는 것을 인정하고 주어진 과제에 대해 우선순위와 현실적인 목표를 정해서 균형을 맞추는 융통성과 유연성을 발휘하자. 또한 여성의 역량에 대해 의심하기에 앞서 일과 가정생활의 양립을 지원하는 문화와 제도를 촉구하는 사회 운동에 동참한다면 양성 평등으로 가는 속도를 높이는 데 일조할 수 있을 것이다.

"워킹맘은 슈퍼우먼이 아닙니다.
제도적 차원의 지원이 필요해요."

자가진단

　당신의 능력이나 잠재력에 대해 갖고 있는 생각이 사실과 진실에 근거하고 있는지 자문해보자. 성장 과정에서 부모의 지원과 인정을 받지 못했다면 자신의 성취를 대수롭지 않게 생각할 수 있다. 지나친 겸손을 강요하는 교육도 영향을 미칠 수 있다. 실수나 실패에 대해 관점을 바꿔서 생각해보는 것은 자신감을 회복하는 효과적인 전략이다. 예를 들어, 실수는 배워가는 과정이고 실패는 배우는 기회라고 생각할 수 있다.

여자는 남자보다 역량이 부족하다는 생각에 어느 정도 동의하는지 점수를 매긴다면? 1에서 5까지 　　　＿＿＿점

여자는 역량이 부족하다는 인식과 관련해서 어린 시절부터 지금까지 경험하거나 느낀 바를 이야기해보자.

그러한 경험을 통해 나는 어떤 영향을 받았는가?

언제 어떤 상황에서 내가 부족하다는 생각이 드는가? 그 이유는
무엇인가?

여자는 역량이 부족하다는 생각을 받아들이는 것으로 내가 얻
는 것과 잃는 것은 무엇인가?

지금과 같은 생각과 태도를 유지한다면 평생 어떤 삶을 살게
될까?

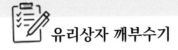

유리상자 깨부수기

자신감이 없다는 것의 의미는 실제로 능력과 자질을 갖추지 못했다는 것이 아니라 그렇다고 느끼는 주관적인 감정일 뿐이다. 따라서 정서적 안정이 자신감을 높이는 데 있어서 가장 중요한 요인이므로 자신에 대해 긍정적으로 생각하는 연습이 필요하다. 당신은 지금보다 더 나은 삶을 살 수 있는 자격이 있고 자신이나 주변 사람들이 생각하는 것 이상의 잠재력을 갖고 있다. 여자는 할 수 없다고 말하는 사람들보다 당신은 훨씬 더 유능한 사람이다.

여자는 역량이 부족하다는 인식과 관련해서 나에게 변화가 필요하다고 생각된다면 어떻게 달라져야 할까?

지금 당장 시도해볼 수 있는 도전은 무엇인가?

자신감을 갖기 위해서는 어떤 환경이 도움이 될까? 또는 어떤 사람들을 멀리 해야 할까?

여자는 역량이 부족하다는 유리상자를 깨고 나오도록 자신을 격려해보자.

내가 가진 능력에 대해 자신감을 가질 수 있다면 앞으로의 삶이 어떻게 달라질 수 있을지 상상하고 묘사해보자.

유리상자 # 5

여자는 감정적이다

다른 사람들을 불편하게 하지 않으려고 내 감정을 무시하는 것은
사실 고통스러운 감정 노동이다.
—니콜 라이온스, 저술가

　내가 힘든 시간을 보내고 있을 때 하루는 친구 스테파니가
집으로 초대를 했다. 스테파니는 남편과 함께 맛있는 캄보디아
음식을 요리했고 우리는 와인을 마시며 즐거운 저녁 시간을 보
냈다. 내 이야기를 들어주고 공감해주는 사람들과의 만남에 굶
주려 있던 차에 나는 당시에 느끼고 있던 감정을 솔직하게 그들
에게 털어놓았다. 스테파니는 같은 여성으로서 다양한 감정을
억누르지 않고 표현할 수 있을 때 건강하고 행복해질 수 있다는
이야기를 했다. 그녀의 남편 빌은 옆에서 말없이 듣고 있다가
마침내 입을 열었다.

　"감정 표현은 여자들이나 하는 것이고 남자가 하면 놀림거리
가 되요. 하지만 남자도 실컷 울고 싶을 때가 있어요."

　그날 저녁 우리 세 사람은 와인바로 자리를 옮겨 밤늦도록
서로에게 마음을 활짝 열고 화기애애한 시간을 보냈다. 스테파

니는 나중에 멀어졌던 부부 사이가 그 날 이후로 다시 회복되었다고 말했다. "너를 위로해주려고 마련한 자리였는데 오히려 우리가 위로를 받았구나. 그 동안 우리 부부가 소원해진 이유가 감정 표현이 서툴고 자존심을 상할까봐 두려워하기 때문이라는 것을 알았어."

우리는 누구나 진심 어린 공감과 위로를 필요로 한다.

자연스러운 본능인 감정을 억누르는 것은 부작용을 가져온다. 감정은 불확실한 상황에서 어떻게 대처해야 하는지 알고 있다. 또한 우리에게 좋은 소식과 나쁜 소식을 가장 먼저 알려준다. 자신이 올바른 길을 걷고 있는지, 원하는 목적지를 향해 가까이 가고 있는지 멀어지고 있는지 우리의 감정은 알고 있다.

흔히들 이성은 차갑고 감정은 뜨거운 것이라고 생각해서 이성적인 사람은 냉철하고 정확한 판단을 내릴 것이고, 감성적인 사람은 그렇지 못할 것이라고 기대한다. 하지만 이성만으로는 세상에서 일어나는 부조리한 일들을 이해할 수 없다. 감정 표현에 어려움을 겪는 사람들 중에는 지나치게 논리적이고 분석적으로 생각하고 행동하는 사람들이 많다. 이런 사람들은 평소에는 아무 문제가 없지만 예측이 불가능한 상황에서는 속수무책이 되고 감정을 폭발할 수 있다.

감정 반응에 따라 충동적으로 행동하는 것을 미성숙한 태도라고 한다면, 감정을 무시하고 이성만을 사용하는 것도 역시 미성숙하기는 마찬가지다. 스트레스를 피하기 위해 최대한 감정을 배제하고 이성적으로 접근하는 것은 심리학에서 주지화 intellectualization라고 부르는 일종의 방어기제다. 불안하거나 슬프거나 화가 날 때 이성적으로 해석하고 객관화함으로써 고통을 느끼지 않으려고 하는 것이다. 이러한 태도는 지적이고 성숙한 것처럼 비춰질 수도 있지만 오래 지속되면 자신이 진정으로 원하는 것이 무엇인지 파악하는 데 어려움을 겪을 수 있고 결국에는 감정이 메말라버린다.

'여자들은 너무 과장해서 생각하는 거 같다.'
'여자들은 너무 감정적이다.'

이런 말에서 여자들은 자신이 느끼는 감정에 대해 믿을 수 없다거나 중요하지 않다는 암시를 받는다. 여성은 감정적이고 감정은 이성보다 중요하지 않다는 인식은 여자들로 하여금 목소리를 높이지 못하게 억압하는 압력으로 작용한다.

2018년 〈심리과학Psychological Science〉 학술지에 발표된 조사 결과를 분석해보면 직장에서 여자가 화를 내면 감정적이고 분별력이 없다는 평가를 듣고, 반면에 남자가 화를 내면 오히려 결단력이 있고 단호하고 지도력이 있다는 평가를 받는다는 것을 알 수 있다. 화를 내는 정도가 같더라도 남자가 화를 낼 때는 이유가 있지만 여자가 화를 내는 것은 감정을 폭발하는 히스테리 정도로 여겨진다. 건강하지 못한 수준의 감정 표현을 가리키는 단어인 '히스테리hysteria'가 여성의 자궁을 뜻하는 그리스어에서 유래된 것을 보면 여성을 감정에 지배되는 동물처럼 생각해온 오래된 역사를 짐작할 수 있다.

여성은 감정적이고 감정 표현은 경솔한 행동이라는 인식은 모든 분야에서 감지된다. 심지어는 병원에서도 여자들이 호소하는 고통이나 건강에 대한 걱정을 과민반응처럼 다루는 경향이 있다는 조사 결과가 있다. 한 연구에서는 사람들에게 여자와 남자가 인상을 찌푸리고 있는 사진을 각각 보여주면서 물었다.

"이 사람은 왜 이런 표정을 하고 있을까요?"

그러자 많은 사람들이 여자에 대해서는 성격이 우울한 것 같다는 의미의 대답을 했고 남자에 대해서는 그날 일진이 좋지 않았을 것이라고 대답했다.

감정을 느끼는 것과 감정을 표현하는 것은 별개의 문제다. 우리가 합리적으로 생각하고 행동하는 것은 이성과 감정을 조화롭게 사용할 수 있을 때 가능하다. 감정을 충분히 이해하면서도 자제력을 유지하기 위해서는 객관적 사고와 주관적 정서를 구분할 수 있어야 한다. 미국의 심리학자 머레이 보웬은 자기분화self differentiation가 가능한 사람을 성숙한 사람이라고 했다.

자기분화란 자신의 사고와 감정을 구분하고, 또한 대인관계에서 자신과 타인을 구분하는 능력을 말한다. 따라서 사적인 영역과 공적인 영역을 구분할 수 있어야 한다. 다시 말해 공감과 이해가 필요한 상황과 판단과 분석이 필요한 상황을 구분할 수 있을 때 적절한 대응과 소통이 가능하다.

감성 지능은 단순히 감정이 얼마나 풍부한지, 얼마나 공감을 잘하고 타인을 이해하는가의 문제가 아니라, 우리 자신의 감정을 인식하고 이해하고 조절하는 능력을 말한다. 두려움을 극복하고, 다른 사람과 소통하고 능동적으로 행동하는 것도 감성 지능을 필요로 한다. 사회생활에서 필요한 감성 지능은 다음과 같은 다섯 가지로 정리할 수 있다.

- 자각: 자신의 감정을 느끼고 이해한다.
- 자기 조절: 자신이 하는 말과 행동이 다른 사람에게 어떤 영향을 미치는지 염두에 두고 행동한다. 스트레스를 관리하고 원하는 목표를 향해 흔들림 없이 정진한다. 문제가 발생했을 때는 해결책을 찾고 그로부터 교훈을 배운다.
- 공감 능력: 상대방의 입장에서 상황을 이해할 수 있고. 갈등을 해결하고 협력을 이끌어낸다
- 동기 부여: 솔선수범하고 주변 사람들에게 모범이 되는

행동을 한다.

- 사회 적응력: 사람들과 어울리고 원만한 관계를 맺는다. 상대방의 말에 귀를 기울이고 표정, 몸짓, 음조와 같은 비언어적 신호를 포착하고 해독한다.

과학기술이 발전할수록 기업 세계에서 감성 지능은 리더가 반드시 갖추어야 하는 중요한 능력이 되고 있다. 조직의 구성원으로 일하기 위해서는 '하드 스킬'과 '소프트 스킬'이 둘 다 필요하다. 하드 스킬은 직무를 수행함에 있어 필요한 실질적인 기술을 말하고, 소프트 스킬은 의사소통, 협력, 공감 능력과 같은 대인관계와 관련된 능력을 말한다. 현대 사회가 요구하는 리더십이 공감, 경청, 창의성과 같은 소프트 스킬이라면 여성이 더 유리한 조건을 갖추고 있는 것은 분명해 보인다.

내 친구의 직장 상사는 자신이 페미니스트라고 주장하면서 여직원들에게 종종 '느끼지 말고 생각하라. 남자처럼 이성적으로 생각하라'는 식의 조언을 한다고 한다. 하지만 IQ가 높아도 다른 사람을 이해하고 공감하는 능력이 없다면 아무 짝에도 쓸모가 없다. 또한 미래 인재들이 갖춰야 할 능력은 바로 감정을 느끼지 못하는 인공지능이 할 수 없는 답을 찾아내는 능력이 될 것이다. 인간의 감정 능력을 부여하는 프로그램을 만들 수는 있겠지만 그러한 프로그램은 인간만이 만들 수 있다.

반면에 감성 지능에서 여성이 남성보다 우월하다고 생각하는 것도 역시 편견이고 이분법적인 일반화의 오류이다. 감정 표현에 있어서의 성별 차이는 사회적 규칙과 관련이 깊다. 여자들은 연민과 공감처럼 좀 더 부드러운 감정을, 남성들은 분노와 공격성처럼 권력을 강화하는 감정을 밖으로 드러내도록 사회적으로 길들여진다. 그로 인해 같은 감정이라도 성별에 따라 표현 방식이 다르게 나타나는 것이다. 대표적인 오해가 '남성은 여성보다 폭력적'이라는 것이다. 하지만 핀란드 심리학계의 연구에 따르면, 학생들 간의 싸움에서 남성과 여성 사이에 큰 차이가 없는 것으로 밝혀졌다. 소녀들 사이 폭력은 거짓 소문이나 따돌림 등 눈에 보이지 않는 은밀한 형태로 나타날 뿐이다.

아무런 근거가 없는 부적정인 감정은 긍정적인 방향으로 전환하는 것이 필요하다. 우리가 하는 판단과 결정, 그리고 다른 사람들과의 상호작용에 부정적인 영향을 미치기 때문이다. 또한 부정적인 감정을 표현할 때는 이성의 틀에 담아서 이야기할 수 있어야 한다. 감정을 이성보다 중요하지 않은 것으로 무시하고 여성이 남성보다 감정적이라는 편견으로부터 자유로워지기 위해서는 우선 자신이 느끼는 감정을 이해하고 다스려서 적절하게 표현하는 능력을 길러야 한다. 화가 날 때는 억누르거나 폭발하지 않고 그 이유를 차분하게 설명할 수 있어야 한다. 상대를 비난하고 공격적으로 행동하는 것은 상대방을 방어적으로 만들 뿐이다. 단호하면서도 상대를 존중하는 태도를 보일 때 우리가 하는 말에 좀 더 설득력이 실릴 수 있다. 감정을 솔직하게 표현하는 것은 용기가 필요하다. 여성이 유연하면서 강할 수 있는 이유는 바로 자신의 취약성을 감추지 않고 드러내는 것을 두려워하지 않는 장점을 갖고 있기 때문이다.

"다양한 감정은 나의 소중한 자산,
　감정은 나를 살아있게 한다."

자가진단

우리가 감정을 혼란스럽고 불편하게 여기고 감정 표현을 꺼리는 이유는 충돌이나 오해가 빚어질 수 있다고 생각하기 때문이다. 감정 표현에 대한 부정적 인식으로 인해 남자들 역시 감정을 억누르고 적절한 표현 능력을 배우지 못하는 것은 마찬가지다. 여자가 화를 내면 여자답지 못하다고 하고 남자가 울면 '여자 같다'고 놀리면서 이등 시민처럼 취급한다. 하지만 정당한 분노는 적절한 방식으로 표현할 수 있을 때 우리 자신의 존엄성과 권리를 지킬 수 있다.

여자는 이성적이지 못하다는 생각에 어느 정도 동의하는지 점수를 매겨보자. 1에서 5까지   ____점

여자는 감정적이라는 인식과 관련해서 어린시절부터 지금까지 경험하거나 느낀 바를 이야기해보자.

그러한 경험을 통해 나는 어떤 영향을 받았는가?

언제, 또는 누구와 함께 있을 때 감정을 억누르는가? 그 이유는
무엇인가? 거기서 얻는 것과 잃는 것은 무엇인가?

만일 감정을 억누르고 표현하지 않는다면 평생 어떤 삶을 살게
될까?

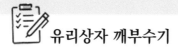

유리상자 깨부수기

감정을 억제하는 것이나 폭발하는 것은 둘 다 성숙하지 못한 태도다. 감정은 상황을 해석하고 판단하는 데 도움이 되는 신호를 보내주고 풍요롭고 다채로운 삶을 살 수 있게 해준다. 감정은 누구에게나 매우 소중하고 중요한 능력이고 이성과 마찬가지로 존중 받을 가치가 있다. 부당한 압력을 받고 있다면 그런 상황에서 당신이 어떻게 느끼는지 표현하자. 적절하게 감정을 드러내고 표현하는 것은 세상과 소통하는 가장 평화롭고 효과적인 방법이다.

여자는 감정적이고 감정은 이성보다 열등하다는 인식과 관련해서 나에게는 어떤 변화가 필요할까?

지금 당장 시도해볼 수 있는 도전은 무엇인가?

생각과 행동의 변화를 위해 어떤 환경이 도움이 될까? 또는 멀리해야 하는 관계가 있는가?

_____

_____

_____

감정 표현을 두렵고 불편하게 느끼는 유리상자를 깨고 나오도록 자신을 격려하는 말을 써보자.

_____

_____

_____

다양한 감정을 적절하게 표현하면 나의 삶이 어떻게 달라질 수 있을지 상상하고 묘사해보자.

_____

_____

_____

여자는 양보하고 희생한다

내가 안타깝게 느끼는 점은 여자들이 자기희생을 여성의 덕목이
라고 믿는다는 것이다. 많은 여자들이 아직도 기꺼이 자신을 희생
하면서 신의 은총을 바라고 있다.

—재닛 앤 다임치, 가수

　내가 어릴 때 우리 집에 친척들이 모이면 여자들은 부지런히
주방을 오가며 음식을 만들어서 내오고 남자들은 축구 경기를
보면서 배불리 먹고 마시는 것을 당연하게 여기는 분위기였다.
남자들이 도와주겠다고 나서거나, 여자들이 도움을 청하는 것
을 본 적이 없다. 최근 조사에 의하면 부부가 맞벌이를 하고 남
편보다 더 많은 소득을 올리더라도 여자가 60~80%의 가사 부
담을 떠안고 있다고 한다. 집안일은 여전히 여자의 몫으로 생각
하기 때문이다.
　여성의 사회적 역할에 대한 중요성과 고위직 진출 가능성이
높아지고 있지만 아직도 많은 여자들이 가정과 주변 사람들을
위해 자신을 희생하면서 잠재력을 개발할 수 있는 기회를 놓치
고 있다. 연로한 부모를 돌보는 일은 딸에게 돌아가고, 결혼을

하면 남편을 위해 내조를 하고, 엄마가 되면 집에서 아이를 돌봐야 한다. 그렇게 다른 사람들을 편안하고 행복하게 해주려고 애쓰면서 살다가 뒤늦게 그런 삶이 자신에게 어떤 희생을 요구하는지 깨닫는 순간이 온다. 우리가 정말 원해서 하는 일이라면 그것은 희생이 아니라 사랑일 것이다. 하지만 단지 책임감이나 의무감 때문에 하는 일은 자기희생이 될 수 있다.

너무 늦지 않았다면 이러한 깨달음은 희망적이기도 하다. 지금까지와는 다른 삶을 선택하는 것도 우리 자신에게 달려 있기 때문이다. 이러한 진실을 더 빨리 받아들일수록 나의 정체성과 자아를 확립하고 꿈을 실현하고자하는 욕망을 되찾을 수 있다. 더 이상 시간 낭비를 하지 않고 나 자신의 삶을 위해 앞으로 전진할 수 있다.

이타심은 흔히 이기심과 반대되는 특성으로 생각된다. 거절을 잘 못하는 사람들은 자신의 욕구를 먼저 충족시키고자 하는 것은 이기적이라는 믿음을 갖고 있는 경우가 많다. 어릴 때부터 가족과 가정을 돌보도록 훈련을 받는 여자들은 자신보다 타인을 먼저 배려하고 그렇지 않으면 죄책감을 느낀다. 하지만 우리 자신을 위해서 사는 것은 이기적인 것이 아니다. 다른 사람들을 보살피다보면 나 자신의 욕망은 옆으로 밀어두게 된다. 다른 사람들을 기쁘게 해주기 위해 우리에게 주어진 시간과 재능을 포기한다면 헛된 인생을 사는 것이다. 게다가 타인의 요구를 거절하지 못해서 정작 내가 원하는 것을 무시하고 참는 일이 반복되면 분노, 자책감 등이 쌓이다가 결국 언젠가는 폭발하게 된다. 타인을 배려하기 전에 우리 자신에 대한 돌봄을 반드시 선행해야 한다는 것을 기억하자.

우리 자신을 먼저 생각해야 하는 이유를 간단히 요약하자면,

- 다른 사람이 아닌 나 자신이 원하는 삶을 살아야 한다.
- 누군가를 위해 자신을 희생하면 언젠가 그 사람을 원망하게 될 수 있다.
- 나 자신을 돌봐야지 사랑하는 사람들을 돌볼 수 있는 여력이 생긴다.

우리는 자신의 처한 상황에 대해 불만이 있으면서도 어떻게 바꿔야 할지 생각하기보다 합리화하는 변명을 찾는다. 예를 들어,

내가 지금 하는 일이 마음이 들지 않지만…

만나고 싶지 않은 사람들이 있지만…

여행을 가고 싶기는 하지만…

회사에서 승진을 하고는 싶지만…

건강을 위해 운동을 하고 싶지만…

이런 식의 '하지만…'이라는 변명을 하는 순간 우리 마음 속

에는 새로운 변화와 도전을 포기하게 만드는 정신적, 정서적 장벽이 세워진다. 행동과학자로서 조언하자면, 습관이 되어버린 행동을 줄이거나 그만두기 위해서는 그 행동을 대체할 수 있는 다른 행동을 선택하는 것이 가장 효과적이다. 실연의 아픔을 잊으려면 새로운 사랑을 만나는 것이 가장 빠른 방법인 것처럼 말이다. 몇 년 전 나는 바쁘게 사는 삶이 아니라 나에게 충실한 삶을 살기로 마음을 먹었다. 내가 정신없이 바쁘게 사는 이유가 사람들에게서 인정을 받기 위해서라는 것을 깨달았기 때문이다. 그 다짐은 앞으로 내가 하는 모든 행동은 내가 스스로 판단해서 해야 한다는 것을 환기시켜 주었다.

그 후로는 어떤 활동에 참여하기 전에 '여기서 내가 얻으려고 하는 것은 무엇인가?'라는 질문을 하기 시작했다. 그러자 이어서 많은 것이 바뀌었다. 솔직히 나는 불필요하게 많은 사람들을 만나면서 소모적인 삶을 살고 있었다. 시간을 쪼개서 허둥지둥 바쁘게 움직이고 있었지만 기대하는 것 만큼 보람과 행복감을 느끼지 못하고 있었다. 그래서 나의 소중한 시간과 에너지를 투자하는 여러 가지 활동과 만남에 대해 재평가를 하고 정리하기 시작했다. 그 후로 내가 정말 중요하게 생각하는 일에 집중하는 시간이 많아졌고 사랑하는 사람들과 더 많은 시간을 보낼 수 있게 되었다.

누구를 위해 봉사하고 희생한다면 그것은 진심으로 원해서

하는 것이어야 한다. 그리고 그 과정은 쉽지 않으며 기대하는 것과는 다른 결과가 나올 수 있다는 점을 염두에 두어야 한다. 상대가 당신의 희생을 당연하게 여기고 만만하게 보면 마음에 상처를 입을 수도 있다.

너무 냉정하고 계산적으로 들리는가? 누군가를 위해 자신을 희생한다고 해서 훈장을 줄 사람은 아무도 없다. 사실 사람은 맹목적으로 행동하지 않는다. 어떤 사람을 위해 희생한다면 자신이 원하는 방향으로 그가 변화하기를 기대하고 적어도 그 결과를 확인하고 싶어 한다. 하지만 사람은 스스로 변화할 의지를 갖추기 전에는 쉽게 변하지 않는다. '내가 이렇게 희생을 하면 언젠가는 알아주겠지'라는 기대는 환상에 불과하며 결국 실망할 수밖에 없다.

사랑하는 사람들은 우리 삶에서 중요한 부분을 차지하며 많은 즐거움을 가져다준다. 하지만 먼저 우리 자신을 돌보는 시간을 확보하지 못한다면 삶의 균형이 깨지기 시작할 것이고 결국은 그들을 원망하게 될 수도 있다. 거절을 할 때 나의 권리도 지키면서 상대방의 감정도 존중하며 대화할 수 있는 '자기주장훈련'을 해보면 도움이 될 것이다. 나의 생각이나 의견, 감정을 솔직하게 표현하는 능력을 기르는 것은 원만한 대인 관계를 형성하고 정신건강도 지키는 방법이다. 원하지 않는 제안에는 '노'라고 말할 수 있을 때 사람들과 건강한 관계를 안정적으로 유지할 수 있다.

반면에 우리 자신이나 다른 사람들에게 희생을 요구하지 않는 범위 내에서 도움을 주고받는 것도 역시 살아가는 데 반드시 필요한 생존 기술이다. 어떤 어려움이든지 간에, 다른 사람의 도움을 구하는 것은 시간과 노력을 절약할 수 있는 방법이고, 혼자 모든 짐을 짊어질 필요가 없다고 생각하면 안정감을 느낄 수 있다. 그런데 누군가에게 도움을 청하는 것이 생각처럼 쉽지는 않다. 심지어는 불편해하고 죄책감을 느낀다. 당신은 도움을 청하는 것을 방해할 수 있는 다음과 같은 생각이나 믿음을 갖고 있는지 않은지 생각해보자.

- 도움을 필요로 하는 것을 무능함이나 게으름과 연결한다.
- 상대방에게 부담을 주는 것이라고 생각한다.
- 거절 당할 가능성이 크다고 짐작한다.

흔히들 도움을 요청하는 것에 대한 이러한 생각과 믿음을 갖고 있는 것은 사실이다. 하지만 연구에 따르면, 사람들은 누군가에게 도움을 청했을 때 도와주겠다는 반응이 돌아올 가능성을 과소평가하는 경향이 있다고 한다. 사람들은 우리가 생각하는 것다 훨씬 더 기꺼이 도움을 준다. 누군가에게 도움이 되는 일는 하면 스스로 좋은 사람이라고 느껴서 기분이 좋아질 수 있다. 만일 누군가에게 도움을 요청하면 그 사람이 당신을 덜 좋아할 것이라고 두려워한다면, 그 반대의 가능성을 생각해보자. 당신에게 호의를 베풀어준 사람은 당신을 더 좋아할 수도 있다. 자신의 취약성과 개방성을 표현하는 사람과 더 깊은 관계로 이어질 수 있기 때문이다.

우리에게 단 한 번 주어지는 삶을 어떻게 보낼 것인지 생각해본 적이 있는가? 원하는 삶을 자꾸 뒤로 미루면서 살다가 인생을 허무하게 끝내는 것은 아닐까? 임종을 앞둔 사람들이 가장 많이 하는 후회는 자신이 원하는 삶이 아니라 다른 사람들이 기대하는 삶을 살았다는 것이라고 한다. 꿈이 있다면 뒤로 미루지 말고 목표를 정해서 행동으로 이어지게 해야 한다. 나는 인생에서 길을 잃은 느낌이 들 때마다 다음과 같은 임종 시각화를 사용한다.

타이머를 5분 동안 맞추고 눈을 감는다. 임종을 맞이하는 모습을 상상한다. 천수를 누리고 사랑하는 사람들에게 둘러싸여 평화롭게 임종을 맞이하는 상상을 하면 좀 더 편안하게 할 수 있을 것이다. 내가 살아온 삶을 돌아본다. 삶은 덧없고 유한하지만 소중한 시간이었다. 사랑하는 사람들, 인생에서 이루어낸 성취, 이루지 못한 꿈, 아쉬움. 등등. 그 시간을 어떻게 보냈다면 더 좋았을까? 마음 속에 숨겨두었던 욕망과 소망에 대해 이야기해보자. 지금 나에게 순수한 즐거움을 주는 것이 무엇인지 질문해보자. 정말 하고 싶은 일, 활동, 취미가 무엇인지 생각해보자. 무엇을 할 때 또는 어떤 사람들과 함께 있을 때 가장 즐거운가? 만일 다시 태어날 수 있다면 어떤 목표에 도전해볼 것인가? 임종 시각화를 해보면 나에게 주어진 시간이 얼마나 소중한지 느끼게 된다. 어쩌면 오랫동안 잊고 지냈던 열정을 되찾을 수 있을 것이다.

우리가 누군가를 만나거나 사람들과 휩쓸려 다니는 이유는 거절을 못하기 때문이기도 하지만 시간을 어떻게 효율적으로 사용할지에 대해 생각해본 적이 없기 때문일 수도 있다. 삶의 우선순위를 정해두지 않았기 때문이다. 당신 자신을 보살피는 시간을 확보했다면 어떤 식으로든 자신을 표현하는 활동을 찾아보자. 나를 표현하다 보면 나 자신에 대한 생각이 점점 분명해진다. 글쓰기나 산책을 하다보면 자신을 돌아보고 생각을 정리할 수 있다. 나는 어떤 사람이고, 어떤 세계관과 가치관을 갖고 있는지 어떤 삶을 원하는지에 대해 생각하게 된다. 그러다 보면 나 자신에 대한 연민과 사랑을 느끼고 내가 가진 단점이라도 긍정적으로 받아들일 수 있다.

지금 당장 성공 가능한 작은 도전에서부터 시작하자. 성공의 경험은 성취감과 함께 자신감을 가져다준다. 당신이 어떤 사람인지를 세상에 알리고 보여주자. 당신은 자신이나 주변 사람들이 생각하는 것 이상의 잠재력을 갖고 있다. 당신이 조용히 앉아있기를 바라고 다시 끌어내리려고 하는 사람들보다 당신은 훨씬 훌륭한 사람이다.

오늘날에는 우리가 스스로 선택할 수 있고 우리 자신을 표현할 수 있는 방법이 그 어느 때보다 다양해졌다. 게다가 나이, 학력, 성별, 외모와 같은 어떤 자격 조건도 필요하지 않다. 각자 창의성을 발휘해서 자신이 가진 능력을 보여주고 대중의 반응을 얻을 수 있으면 된다. '가장 개인적인 것이 가장 창의적이다'라는 어느 유명 감독의 말처럼 우리 자신을 표현하는 능력이 실제로 창의적 크리에이터의 경력으로 연결될 수 있다. 일기, 수필, 소설을 쓰거나, 그림을 그리거나, 춤을 추거나, 사진을 찍거나, 악기 연주를 배우는 등등, 다양한 방법으로 자신을 표현할 수 있다. 처음에는 서툴겠지만 시작이 반이다. 필요한 것은 용기, 열정, 추진력, 실행력이다. 지금 당장 눈에 보이는 결과가 나타나지는 않더라도 꾸준히 노력한다면 언젠가는 경력으로 연결되거나 뜻밖의 기회를 만날 수도 있다.

"나를 먼저 생각하는 것은
이기적인 것이 아니다."

무엇이 나를 작아지게 하는가

자가진단

　항상 뭔가에 쫓기듯이 살아간다면 우리 안에 잠재되어 있는 진정한 열정과 창의성을 발견할 수 없다. 바쁘게 사는 삶이 오히려 당신이 이루고자 하는 꿈에서 멀어지게 하고 있는 것은 아닌지 생각해보자. 또는 어떤 의무나 책임 때문에 참고 견디면서 해야 하는 일이 있다면 무거운 짐을 어느 정도 덜 수 있는 방법을 생각해보자. 명상, 글쓰기, 산책 등을 하면서 몸과 마음을 정화하고 치유하는 시간을 가져보자.

여자는 양보하고 희생해야 한다는 생각에 어느 정도 동의하는지 점수를 매겨보자. 1에서 5까지. ＿＿＿점

이러한 인식과 관련해서 지금까지 경험하거나 느낀 바를 이야기해보자.

그러한 경험을 통해 나는 어떤 영향을 받았는가?

_____

_____

_____

나 스스로 원해서 하는 것이 아니라 의무감이나 책임감 때문에
하는 일이 있는가? 거기서 내가 얻는 것은 무엇이고 잃는 것은
무엇인가?

_____

_____

_____

지금과 같은 생각과 태도를 계속 유지한다면 평생 어떤 삶을 살
게 될까?

_____

_____

_____

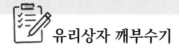

유리상자 깨부수기

사람들과 함께 어울리기 위해서나 다른 사람들을 보살피거나 도움을 주면서 보내는 시간은 얼마나 되는가? 개인적인 성장과 발전을 위한 자기계발에 투자하는 시간은 얼마나 되는가? 사람들은 혼자 보내는 시간을 중요하게 생각하지 않거나 마치 외톨이가 된 것처럼 불편하게 생각하는 경향이 있다. 혼자만의 시간을 갖는 것은 자신의 내면과 소통하고 자신을 객관적으로 바라보는 성찰, 자기 발견, 재충전의 시간이 될 수 있다.

여자는 양보하고 희생해야 한다는 생각과 관련해서 나에게 어떤 변화가 필요한가? 어떻게 달라져야 할까?

지금 당장 시도해볼 수 있는 도전은 무엇인가?

새로운 변화를 위해 어떤 도움이 필요할까? 어떤 상황이나 관계가 변화를 방해하고 있는 것은 아닌가?

여자는 양보하고 희생한다는 유리상자를 깨고 나오도록 나 자신을 격려하는 말을 써보자.

나 자신을 돌보는 시간을 우선한다면 나의 삶이 어떻게 달라질 수 있을지 상상하고 묘사해보자.

여자는 선택을 받아야 한다

> 여자가 남자를 필요로 하는 것은
> 물고기가 자전거를 필요로 하는 것과 같다.
> —글로리아 스타이넘, 여성운동가

얼마 전 카페에서 우연히 옆자리에 앉은 남자들이 주고받는 말을 듣게 되었다. 한 남자가 친구들에게 푸념하듯이 말했다. "출장을 자주 다니고 업무가 바빠서 도통 여자를 만날 시간이 없어. 이러다가 독신으로 늙어버릴 것 같아."

그러자 그의 옆에 앉은 친구가 말했다. "걱정하지 마. 마음만 먹으면 여자는 언제든지 만날 수 있어! 밖에 나가면 여자는 얼마든지 널려 있으니까!"

남자들의 이런 생각이 얼마나 현실적인지에 대해서는 굳이 따지고 싶지 않다. 내가 말하고자 하는 요점은 여자들은 남자들에 비해 짝을 만나기 위해 지나치게 많은 시간과 노력을 낭비한다는 것이다. 몇 년 전까지만 해도 나는 종종 맨해튼에 가서 친구들과 어울리며 저녁 시간을 보냈다. 하루는 친구 나오미가 남자를 만나는 비법을 공개했다.

"나는 소개팅으로 남자를 만난 적이 없어! 대신 스포츠클럽에 가지."

스포츠클럽이라고? 나오미는 운동을 하지 않고 좋아하지도 않는다. 그런데도 주말마다 운동선수들이 즐겨 찾는 바에 가서 톰 브래디와 그 주변 남자들의 관심을 끌기 위해 다른 여자들과 경쟁을 한다는 것이었다.

그러자 다른 친구들이 맞장구를 쳤다.

"아주 좋은 팁이네. 그래 맞아. 멋진 남자를 만나려면 그런 남자들이 있는 곳에 가야 하지."

나는 그들이 주고받는 이야기를 들으면서 우리가 지금 어느 시대를 살고 있는지 어리둥절했다. 『오만과 편견Pride and Prejudice』을 쓴 제인 오스틴이 살던 시대와 별로 달라지지 않았다는 사실에 아연실색했다. 여자들이 남자의 선택을 받기 위해 한껏 치장을 하고 가던 장소가 무도회에서 스포츠클럽으로 바뀌었을 뿐이다.

우리는 일상적으로 하는 행동이나 습관에 소비하는 시간과 에너지에 대해 과소평가할 수 있다. 예를 들어, 여자들이 만나서 남자에 대한 이야기를 하는 시간은 어떨까?

남성 중심 영화가 얼마나 많은지를 측정하기 위해 고안한 영화 성평등 테스트가 있다. 미국의 여성 만화가 엘리슨 벡델이 고안했다고 해서 벡델 테스트Bechdel Test라고 불린다. 영화에서 여성이 얼마나 비중 있고 진지하게 다루어지는지를 알아보는 이 테스트를 통과하기 위해서는 영화에서 두 명의 여자 등장인물이 남자 문제 외의 다른 주제에 대해 이야기하는 장면이 나와야 한다. 스웨덴에서는 2013년부터 세계 최초로 벡델 테스트를 통과한 영화에 상영 전에 인증마크 'A'를 달아주고 있다.

설마 영화에서 여자들이 남자 이야기 말고는 다른 이야기를 하지 않는다고? 지나친 억측이라고 생각할지 모른다. 하지만 2016년에 가장 높은 수익을 올린 영화 25편 중에서 절반 가량만 이 테스트를 통과했다. 물론 영화는 영화일 뿐이고 현실은 다를 것이라고 생각할 수 있다. 그러면 당신이 친구들과 만나서 주고받는 대화가 벡델 테스트를 통과하는지 알아보자. 미혼이거나 기혼이거나 마찬가지다. 결혼을 앞두고 있거나 결혼을 했거나 여자들이 하는 대화에는 남자에 대한 관심이나 불만이 빠지지 않는다.

나는 이혼을 하고 나서 돌아보니 지난 10년 동안 솔로로 지낸 기간이 11개월에 불과했다는 것을 알았다. 그래서 몇 년 동안은 새로운 사람을 찾지 않고 싱글로 지내보기로 했다. 친구들은 서른이 넘어서 부지런히 짝을 찾아도 모자랄 나이에 뒤늦게 무슨 자신감이냐고 말했다. 하지만 남자들과의 관계에서 나에게 어떤 문제가 있고 어떤 사람을 원하는지 생각해보는 시간이 필요할 것 같았다. 남자 보는 눈이 없다고 생각한 적도 있지만 사실 그동안 만난 남자들 중에 두 명을 제외하고는 친절하고 다정한 사람들이었다. 그들과 만나고 헤어진 과정을 돌아보면 나에게서 어떤 패턴을 발견할 수 있다. 아무리 서로 사랑하는 사이라고 해도 나를 구속하고 더 이상 성장할 수 있는 여지를 주지 않는 남자와는 오래 가지 못했다. 그런 관계에서는 내가 점점 움츠러들고 꿈은 점점 멀어져가는 것을 느꼈다. 또 한편으로는 내가 상대방이 원하는 여자가 되어주지 못하는 것에 대해 미안함을 느꼈다.

만일 누군가와 평생을 함께 하는 것을 전제로 한다면 불확실한 미래에 대한 기대가 인생에서 다른 선택이나 결정을 망설이게 할 수 있다. 나는 새로운 사람을 만날 때마다 그 사람과 평생을 함께 하는 삶을 꿈꾸곤 했다. 심지어는 혼자가 되어서도 아직 만나지도 않은 누군가와 함께 하는 인생의 목표와 계획을 세우기도 했다. 이를테면 '결혼을 해서 남편과 유럽에 가서 살아보고 싶다'는 생각을 했다. 마치 결혼은 당연히 하는 것이고 결혼할 사람이 어딘가에서 나를 기다리고 있는 것처럼 말이다. 하지만 두 사람이 함께하는 인생은 내 뜻대로 되는 것이 아니다.

싱글로 지낸지 2년이 지났을 때 나는 혼자 지내는 삶에서 누리는 자유가 무엇보다 소중하게 느껴지기 시작했다. 내가 원래 독신 생활을 선호하는지도 모른다는 생각이 들 정도였다. 누군가가 내 삶에 들어오기를 기다리면서 보류해두었던 공간과 시간을 다시 되찾았고 그 결과 자유롭고 독립적이 되었다. 평생을 혼자 살 수도 있겠다는 가정을 인정하고 받아들이자 정신이 번쩍 들면서 결혼에 대한 환상에서 벗어났다.

다른 한편으로는 평생의 반려자를 만나는 꿈을 포기하지 않는다. 다만 미래에 내 삶에 누가 들어오건 아니건 간에 내가 원하는 삶을 계획하겠다고 다짐했다. 좋은 사람을 만나면 데이트를 하겠지만 결혼을 하거나 아니거나 나의 열정을 따라가고 꿈을 이룰 것이다. 서로 이해하고 사랑하는 관계보다 우리의 삶을 풍요롭게 해주는 것은 없다. 두 사람이 서로에게 든든한 버팀목이 되고 함께 기쁨과 슬픔을 나눌 수 있다면 더 이상 바랄 것이 없을 것이다. 하지만 당장 파트너가 없다고 해서 나에게 어떤 문제가 있다거나 매력이 없는 것 같다고 우울해하지 않을 것이다. 모든 변화가 그렇듯이 익숙해지기까지 시간이 걸렸지만 내가 원하는 활동에 집중할 수 있는 시간이 많아졌고 자유롭고 독립적으로 사는 삶에서 긍지를 느낀다.

평생의 짝을 만나기 위해 얼마나 시간과 노력을 투자할 것인지는 개인이 결정할 일이지만 자칫 의도와는 반대로 자신이 원하는 삶에서 점점 멀어질 수 있다. 내 친구는 유부남과 5년 동안 사귀었다. 그 남자는 결혼한 첫 해에 다른 여자에게 푹 빠졌는데 그 여자가 바로 내 친구였다. 처음에 그 남자는 6개월 후에 이혼을 하겠다고 약속했다. 하지만 1년이 지나도 이혼을 하지 않았고 아내와의 사이에서 아이가 생겼다. 그럼에도 불구하고 내 친구는 그와 헤어지지 않았다. 그녀는 그동안 그에게 헛되이 투자한 5년이라는 시간을 포기할 수 없었다. 그의 선택을 기다려야 하는 입장이 되어버린 것이다. 이것을 경제학에서는 매몰 비용 오류라고 불린다. 다시 말해 그 동안 너무 많은 시간과 노력을 들였기 때문에 포기를 하지 못하고 계속해서 헛된 노력을 기울이는 것이다. 이런 절박한 상황이 되면 한 발짝 물러서서 상황을 객관적으로 보지 못하고 계속해서 자기 발등을 찍는 행동을 계속하게 된다.

그 친구는 어느 날 나에게 자신이 만나는 남자가 언젠가는 아내와 이혼하겠다는 약속을 지킬 것 같으냐고 물었다. 나는 그녀에게 그 남자가 하는 말과 행동을 적어보라고 했다. 그리고 제 3자의 입장에서 그가 아내를 떠날 것 같은지 객관적으로 생각해보라고 했다. 그러면 아마 특별한 일이 생기지 않는 한 그 남자가 다른 선택은 하지 않는다는 것을 알게 될 것이고 지금이라도 헤어지는 것이 좋겠다는 생각이 들 것이라고 했다. 그녀는 내 말에 수긍을 했지만 그들의 관계는 2년을 더 끌다가 끝났다. 사랑하는 사람이 자신을 선택할 것이라는 기대감은 매우 유혹적인 것 같다. 사람들은 각자 자신의 취향대로 사랑에 빠지고 인간 관계는 복잡하다. 저마다 각기 사정이 있고 다른 가치관을 갖고 살아간다. 우리에게 생기는 문제는 다른 누구도 아닌 우리 자신에게 답이 있다. 어떤 사람을 만나고 상대방에게 무엇을 허용할 것인지는 우리 스스로 결정할 수 있어야 한다.

　여자가 성공하고 사회적 지위가 높아지면 남녀 관계가 위태로워진다는 속설이 있다. 남자가 여자보다 경쟁적이어서 연인이나 배우자의 성공조차 자신의 실패로 느끼는 경향이 있다는 연구 결과도 있다. 나는 서른두 살에 처음 집을 구입했는데 주변에서 축하를 해주면서 하는 말 중에 남자를 사귈 때는 집이 있다는 말을 하지 말라는 경고도 있었다. 그 이유는 여자를 선택하는 입장에 있는 남자의 자존심을 상하게 할 수 있다는 것이었다. 시대에 뒤떨어진 또 다른 고정관념이다. 만일 여자의 능력을 아래에 두려고 하는 남자라면 여자의 발전을 가로막으려고 하지 않겠는가? 미국 노동부의 발표에 의하면 아내가 남편보다 돈을 더 많이 버는 부부가 30% 가까이 된다고 한다. 지금까지 남자들은 자신의 성공 뒤에 아내의 내조가 있었다면 이제 마찬가지로 여자의 성공에 남편의 외조 내지는 내조가 필요하다.
　누군가의 선택을 받는 것에 연연하지 않을 때 우리 자신에게 좀 더 잘 맞는 짝을 만날 수 있다. 상대방에게 맞추려고 하기보다 나에게 맞는 사람을 만날 수 있다. 그 시간을 나 자신을 위해 투자할 수 있다. 우리 자신을 사랑하고 아낄 때 다른 사람들도 우리를 존중해주는 법이다. 상대방이 나의 발전을 응원하고 격려해주는 사람인지, 아니면 끌어내리려고 하는 사람인지 생각해보자. 그 사람은 당신의 관심사가 무엇인지 알고 있는가? 관심사가 같은 사람끼리 만난다면 그 관계는 더욱 깊어지고 충만해질 것이다. 어떤 사람과의 관계를 이어가기 전에 당신이 생각하는 이상적인 관계에 대해 생각해보자.

- 이 사람과의 관계를 계속 유지하면 어떻게 될까?
- 지금 이 상황을 계속 참고 지내면 어떻게 될까?

현재의 상황이나 관계에 문제가 있다고 생각하면서도 타성에 젖어서 현실에 안주하고 있는 것은 아닌지 돌아보는 것은 앞으로 살아갈 시간을 위해 매우 중요하다. 어떤 일에서나 스스로 신중한 선택을 한다는 것은 자신의 삶을 지금보다 향상시킬 수 있는 기회가 주어진다는 의미이기도 하다. 감나무에서 감이 떨어지기를 기다리면서 시간을 허비할 수는 없다. 어떤 선택을 했을 때의 결과는 알 수 없지만, 기다리는 것만으로는 원하는 결과를 얻을 수 없다는 것은 분명하다.

당신이 같은 여성으로서 부러워하고 동경하는 롤모델은 어떤 사람인지 생각해보자. 그녀는 여성이라는 불리한 조건을 극복하고 사회의 성 편견과 차별을 견디며 인내해야 했을 것이다. 그녀가 지금 그 자리에 오를 수 있었던 것은 남자의 선택을 받아서가 아닐 것이다. 어려운 현실에 굴복하지 않고 꿋꿋하게 독립적인 삶을 살았기에 가능했을 것이다. 그 과정에서 친한 친구와 멀어졌을 수도 있다. 이혼한 사람도 있을 것이다. 대신 자신을 응원하고 격려해주는 다른 사람들을 만났을 것이다. 소모적인 인간 관계보다는 자신의 발전과 성장을 위해 시간과 에너지를 투자했을 것이다.

우리의 삶을 누군가의 선택에 맡기고 살아가는 유리상자에 갇히지 말자. 인생에서 가장 중요한 과제는 나 자신이 누구인지를 발견하는 것이고, 두 번째는 내가 가진 잠재력을 최대한 활용해서 충만한 삶을 사는 것이다. 선택 받기를 기다리지 말고 우리 자신을 위한 선택을 하는 법을 배우자. 우리가 신중하게 생각해서 결정한 선택에 대해서는 어느 누구의 허락을 받거나 변명할 필요가 없다.

"나는 선택을 받기보다
내가 선택하기를 원한다."

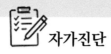 **자가진단**

　누군가의 선택을 받기 위해 자신이 원하는 삶의 방식을 뒤로 미루거나 포기하는가? 외로움이나 경제적인 어려움이 결혼을 하는 이유에 해당되는가? 결혼을 하지 않으면 삶이 불완전하거나 불안하다는 생각을 갖고 있는가? 그렇다면 당신이 원하는 사람의 선택을 받더라도 건강한 관계를 유지할 수 없을 것이다. 지금부터라도 당신 스스로 선택을 할 수 있는 능력을 갖추기 위해 발전하고 성숙해야 한다.

여자는 선택을 받아야 한다는 생각에 어느 정도 동의하는지 점수를 매겨보자. 1에서 5까지.　　　　＿＿＿＿점

이러한 인식과 관련해서 지금까지 경험하거나 느낀 바를 이야기해보자.

-------------- ----------------------------------

그러한 경험을 통해 나는 어떤 영향을 받았는가?

내가 원하는 대상을 선택하는 것이 아니라 선택을 받기를 기다
리는 이유는 무엇인가? 이러한 태도에서 얻는 것과 잃는 것은
무엇인가?

------------- ------------------------------

지금과 같은 생각과 태도를 계속 유지한다면 평생 어떤 삶을 살
게 될까?

------------- ------------------------------

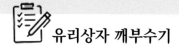

유리상자 깨부수기

우리는 하루에도 수많은 선택을 하면서 살아간다. 우리가 선택을 망설이고 회피하는 이유는 잘못 선택을 했을 때의 결과를 두려워하고 되돌릴 수 없다고 생각하기 때문이다. 하지만 미래를 내다볼 수 없는 한, 우리는 항상 옳은 선택을 할 수 없고 우리가 하는 선택이 어떤 결과를 가져올지 알 수 없다. 분명한 사실은 우리의 삶을 남의 손에 맡기는 것이야말로 가장 위험한 선택이라는 것이다. 우리 스스로 통제할 수 없는 선택을 하는 것이기 때문이다.

스스로 선택을 하고 책임을 지는 자세와 관련해서 나에게 변화가 필요하다면 어떻게 달라져야 할까?

지금 당장 시도해볼 수 있는 도전은 무엇인가?

새로운 변화를 위해 어떤 도움이 필요할까? 어떤 상황이나 관계가 변화를 방해하고 있는 것은 아닌가?

------------- -------------------------------

여자는 선택을 기다려야 한다는 유리상자를 깨고 나오도록 자신을 격려하는 말을 써보자.

------------- -------------------------------

모든 것을 나 스스로 선택하고 결정한다면 앞으로의 삶이 어떻게 달라질 수 있을지 상상하고 묘사해보자

------------- -------------------------------

여자는 꾸며야 한다

자기 자신을 위한 것이 아니라면 우리에게는 남들에게 예쁘게 보여야 할 의무가 없습니다. 외모를 꾸미는 것은 여성이라고 표시된 공간에 들어가기 위해 우리가 지불해야 하는 집세가 아닙니다.

―에린 매킨, 사전 편찬자

이 주제는 여성의 경제적 독립 내지는 경제적 자유와도 관계가 있다. 더 나아가서 환경 문제에 대한 관심을 촉구한다. 나는 지금까지와는 다른 삶을 살기로 마음을 먹은 후로 은행잔고가 늘어났는데 소비 습관의 변화가 한 몫을 했다. 여자들은 자신과 주변을 꾸미기 위해 많은 시간과 돈을 투자한다. 미학적인 면에서 자기만족을 추구하는 것이라고 이해할 수 있지만 유행에 뒤지지 않으려고 하거나 다른 사람들에게 보여주고 과시하기 위해 형편에 맞지 않게 투자를 하는 것은 밑 빠진 독에 물 붓기가 될 수 있다. 그러한 투자에서 얻는 효과는 금방 사라지기 때문이다.

나는 의류업체에서 일 년에 52차례에 걸쳐 신상품을 출시한다는 이야기를 듣고 충격을 받았다. 탑샵과 같은 패스트패션 회사들은 웹사이트에 매주 400여 가지 신상품을 소개하고 있다. 소비자들이 옷을 사면 일주일도 지나지 않아 그 옷이 유행에 뒤떨어졌다고 느끼도록 만드는 것이다. 게다가 유엔의 조사 결과에 따르면 패션 산업은 전 세계 탄소 배출량의 8~9퍼센트를 차지하는데, 이것은 항공과 해운 산업의 탄소 배출량을 합친 것보다 많다.

나 역시 누구 못지않게 패션을 사랑하고 어울리는 옷을 입었을 때 잠깐이지만 자신감이 생긴다. 그래서 더 이상 옷이 필요하지 않다고 생각하면서도 무심코 또 다른 옷을 구입하곤 했다. 마음에 드는 옷을 사서 입는 것은 나의 개성을 표현하거나 기분을 전환하는 방법이기도 하다. 그렇긴 하지만 의류 산업의 문제점에 대해 알게 된 후로 옷을 살 때 좀 더 신중하게 접근하게 되었다.

새 옷을 구입할 때의 기분은 짜릿하다. 하지만 내 경우 그 마법은 대부분 기껏해야 5분에서 30분 정도 지속된다는 것을 알았다. 집에 와서 옷을 입어보는 순간부터 흥분은 사라지기 시작한다. 결국 입지 않는 옷들이 쌓여서 짐이 되고 있다고 느끼면 또 다른 스트레스가 된다. 옷뿐만 아니라 다른 물건들도 마찬가지다. 시간이 지나면 행복감이 줄어든다. 나를 영원히 행복하게 해줄 것 같은 물건도 얼마 지나지 않아 당연하고 지루하게 느껴지고 또 다른 신상품으로 마음이 옮겨간다.

이런 심리 상태를 설명해주는(내가 충동적인 쇼핑객이 아니라는 것을 증명해주는) 신경과학 연구가 있다. 스탠포드 대학의 신경과학 교수인 로버트 사폴스키는 원숭이를 대상으로 도파민 수치를 연구하는 실험을 했다. 그는 원숭이들에게 특정한 신호를 보내고 나서 잠시 후에 보상을 주는 식으로 훈련을 시켰다. 그는 원숭이들이 실제로 보상을 받았 때 도파민 분비가 절정에 이를 것이라고 가정했다. 하지만 결과는 예상과 달랐다. 행복감을 나타내는 도파민 수치가 신호를 받고 나서 기다리는 동안 가장 높이 올라갔다가 실제로 보상이 주어졌을 때는 뚝 떨어지는 것으로 나타났다. 보상을 받을 거라는 기대감에 비해 보상을 받았을 때의 만족도가 훨씬 낮다는 것이다.

나는 이러한 연구 결과를 직접 나 자신에게 적용해서 확인해 보려고 몇 년 동안 건강을 위해 자제하고 있던 디저트를 먹기로 했다. 레스토랑에서 식사를 마친 후 디저트를 주문하고 기다리는 동안 한껏 기대에 부풀었다. 그 날 저녁에는 달리기를 더 오래 해서 칼로리를 소모해야겠다고 다짐도 했다. 마침내 주문한 디저트가 나왔고 나는 마음 속으로 환호성을 지르며 먹기 시작했다. 하지만 디저트를 음미하며 집중해서 즐긴 시간은 오래 유지되지 않았다. 처음 두세 입은 맛있게 먹었지만 어느새 그 맛을 즐기기보다는 그냥 삼키고 있었다. 내 마음은 이미 다른 곳에 가 있었다. 몇 시간 후에는 디저트를 먹은 기억조차 나지 않았다.

알고 보면 우리에게 지속 가능한 즐거움을 주는 물건은 그다지 많지 않다. 그 의미는 우리가 구입하는 물건이나 서비스가 생각하는 것만큼 반드시 필요하지는 않다는 것이다. 이러한 깨달음 후에 나는 새 옷이나 집을 꾸미는 장식품을 사는 횟수를 줄이기로 했다. 하루는 셔츠와 청바지 차림으로 비즈니스 미팅에 나갔지만 내 옷차림에 신경을 쓰는 사람은 없었다. 좀 더 격식을 갖추어야 하는 자리에 갈 때도 지금 갖고 있는 의상으로 충분하다고 느꼈다. 매일 아침 무엇을 입을지 고민하는 시간이 줄어들었고 덤으로 은행 잔고도 늘어났다.

2010년 광고 영업 일을 하던 코트니 카버는 어느 날 수습하기 어려운 지경이 된 옷장을 보며 한숨을 쉬었다. 그녀는 3개월간 옷과 악세사리, 가방 신발을 포함하는 소량의 아이템만 착용하겠다고 블로그에 글을 올리고 그 과정을 공개했다. 어떻게 되었을까? 주변 사람들은 그녀가 자주 같은 옷을 입는다는 것을 전혀 눈치채지 못했다. 그녀는 자신의 경험을 바탕으로 액세서리, 신발, 옷, 가방을 포함해서 33개의 패션 아이템을 사용해서 3개월 동안 살아가는 방법을 『프로젝트 333』이라는 책으로 펴냈다. 그 프로젝트는 전 세계적으로 확산되어 '단순하게 입고 단순하게 사는' 미니멀라이프의 돌풍으로 이어지고 환경 운동의 일환으로 성장했다.

사실 사람들에게 불쾌감을 주지 않는 한 우리가 옷장을 가득 채우고 매일 아침 어떤 옷을 입을지 고민하는 것은 하루를 시작하는 좋은 방법이 아니다. 만약 당신이 항상 유행에 뒤처지고 있다고 느낀다면 의류업체들의 마케팅에 속고 있는 것이다. 미디어와 광고는 여자들에게 지금 그대로는 부족하다고 말한다. 어떤 옷을 입고 어떤 화장품을 사용하면 더 매력적이고 아름다운 여성이 될 거라고 말한다. 가구를 새로 바꾸어서 집을 세련되게 꾸미면 사랑받는 주부가 될 거라고 말한다. 하지만 아무리 해도 충분하지 않다. 기업들이 유행을 계속 바꾸고 신제품을 선보이면서 우리를 영원히 부족하게 느끼도록 만들기 때문이다. 얼마 전 행동 변화를 위한 정보를 제공하는 웹사이트 〈스라이브 글로벌〉에는 다음과 같은 글이 실렸다.

일상생활에서 우리가 내리는 모든 결정은 아무리 사소한 것이라도 정신 에너지를 필요로 한다. A와 B 중에 하나를 선택할 것인지 고민하는 단순한 결정에도 피곤해지고 뇌력이 저하된다. 따라서 하루에 결정해야 하는 일이 많을수록 현명한 결정을 하기가 어려워진다는 것을 의미한다. 이것이 스티브 잡스, 마크 저커버그, 알버트 아인슈타인과 같은 많은 성공한 사람들이 단조로운 옷장을 유지해서 하루에 내리는 결정의 양을 줄이기로 결정한 이유이다. 보다 중요한 문제를 위해 옷을 구입하고 매일 갈아입는 일에 사용되는 에너지와 시간을 줄이는 것이다.

나는 마크 저커버그와 작고한 스티브 잡스가 옷을 선택하는 시간을 절약하기 위해 매일 무채색의 옷을 입는다는 것에서 우리 여자들도 배울 점이 있다고 생각한다. 하지만 과연 여자들의 옷차림에 대해서도 사람들이 같은 기준을 적용할까? 나는 지금까지 독일의 메르켈 총리가 같은 옷을 자주 입는 이유가 지력을 아끼기 위해서라고 말하는 기사는 본 적이 없다. 오히려 패션 센스가 없다는 비난이나 놀림거리로 삼는다.

'메르켈은 18년 동안 같은 튜닉을 입고 있다'
'메르켈은 5년 연속으로 휴가를 갈 때마다 같은 의상을 입고 있다'

코코 샤넬 평전을 집필한 론다 개어릭은 온라인 패션 매거진 〈더컷〉에서 여성의 옷차림에 대한 대중의 인식에 대해 적절하게 꼬집었다.

직장에서 여자들이 흔히 느끼는 것이지만, 여성을 바라보는 시각에 '중립'은 없다. 여자들은 어떤 옷을 입든지, 치마를 입거나 바지를 입거나, 섹시하다거나 촌스럽다거나 하는 비평의 대상이 된다. 어떤 옷을 입던지 남자들처럼 배경에 완전히 섞여서 눈에 띄지 않는 평범하고 단순한 익명성을 누릴 수 없다.

사실 메르켈은 굳이 옷차림으로 자신의 능력과 지위를 증명할 필요를 느끼지 않을 것이다. 알베르트 아인슈타인은 외모에 대한 집착에 대해 재미있는 비유를 했다.

우리 대부분이 초라한 옷과 조잡한 가구를 부끄러워하지만 그보다는 초라한 생각과 저급한 철학을 더 부끄러워해야 한다. 포장지가 안에 들어 있는 고기보다 더 훌륭하면 아깝다는 생각이 들 것이다.

내가 하는 말을 오해하지 말기 바란다. 나는 개인적으로 가치가 있는 물건이라면, 예를 들어 자긍심을 느끼고 심리적으로 위안을 주는 것이라면, 얼마든지 투자를 할 수 있다고 생각한다. 미적 감각과 아름다움을 중요한 가치로 생각하고 경제적인 여유가 있다면 얼마든지 패션에 투자를 할 수 있다. 하지만 그렇지 않은데도 새로운 물건이 나올 때마다 충동 구매를 하고 있다면 잠시 그 물건이 정말 필요하고 얼마나 오랫동안 즐거움을 줄지에 대해 생각하는 시간을 갖기 바란다. 버리기 아까운 짐이 되어버린 물건은 볼 때마다 스트레스를 더해줄 뿐이다. 충동 구매를 자제하는 것은 또한 다른 삶의 분야에서도 신중한 선택을 할 수 있는 훈련이 될 것이다.

여성을 외모와 옷차림으로 평가하는 것은 남자들뿐이 아니라 여자들도 마찬가지다. 나는 처음 입사한 회사에서 샌디에이고 지역의 감독관들을 관리하는 업무를 맡게 되었다. 몇 주가

지났을 때 나는 여직원들이 계속해서 나를 못마땅해하고 무시하는 태도를 취하는 것을 알았다. 내가 지점장에게 조심스럽게 나의 업무 능력에 대해 우려를 표하자, 그는 웃으면서 걱정하지 말라고 말했다

"당신은 일을 아주 잘하고 있으니까 걱정하지 않아도 됩니다. 당신이 섹시해 보여서 사람들이 선입견을 갖는 것이 아닐까요? 시간이 지나면 괜찮아질 겁니다."

당시에 내가 외모를 꾸미는 일에 신경을 썼던 것은 사실이지만 그 말을 듣고 깜짝 놀랐다. 여자들도 다른 여자를 능력이 아니라 외모로 평가하는 편견을 갖고 있을 것이라는 생각은 한 적이 없었기 때문이다. 그들은 나의 능력을 알아보기 전에 내 외모가 마음에 들지 않았던 것이다.

일반 대중에게 자신을 보여주는 연예인이 아닌 한, 옷차림은 우리가 쓸데없이 남의 시선을 의식하는 것 중에 하나다. 이 옷을 입으면 남들이 어떻게 생각할까? 파티에 가는데 이런 옷을 입어도 될까? 사실 아무도 신경 않는다. 섭섭할지 모르지만 사실 사람들은 당신이 생각하는 것만큼 당신에 대해 관심이 없다. 나는 지금까지 살면서 사람들의 시선을 의식하느라고 많은 시간과 노력을 허비했다는 것을 깨달았다. 매일 화장을 하고 옷과 가방을 사고 다이어트를 하느라고 얼마나 많은 시간과 에너지와 돈을 투자했는지를 생각하면 깜짝 놀랄 정도다.

여자들이 아름다워지기 위해 하는 노력은 단지 남자의 선택을 받기 위해서는 아니다. 다시 말하지만, 세상 모든 여자들이 다 같지는 않다. 앞에서도 말했듯이 이 책에서 말하는 성 편견은 모든 여자들에게 해당되지는 않는다. 또한 남녀를 불문하고 외모를 아름답고 특별하게 관리하는 것은 자기계발의 일종이므로 존중해야 한다. 다만 내가 의아하게 여기는 것은 우리 사회가 여자들로 하여금 외모를 꾸미는 것을 여성의 의무인 것처럼 생각하게 만드는 것이다. 이것은 여성의 몸을 대상화하고 여자들 스스로 꾸밈이 필요한 불완전한 존재로 인식하게 만들어서 신체적, 정신적으로 억압하는 또 다른 형태의 차별이다.

"애벌레가 나비로 변했을 때,
우리는 아름다움이 아니라 강인함에 대해
이야기한다."

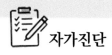 **자가진단**

　당신이 생각하는 자기관리의 정의는 무엇인가? 건강한 몸과 마음을 유지하기 위한 자기관리라면 얼마든지 투자할 가치가 있다. 장기적으로 더 많은 이익을 가져다주기 때문이다. 하지만 남들에게 과시를 하거나 뒤쳐지지 않으려고 자신을 꾸미는 것은 밑빠진 물에 물붓기나 다름없다. 지난 1년 동안 구입한 물건이나 서비스 중에 가장 만족스러웠던 것은 무엇인가? 진정한 행복감을 느끼게 해주는 대상에 투자하고 있는지 생각해보자.

여자는 외모를 꾸미고 관리해야 한다는 생각에 어느 정도 동의하는지 점수를 매긴다면? 1에서 5까지. _____점

이러한 인식과 관련해서 지금까지 경험하거나 느낀 바를 이야기해보자.

그러한 경험에서 나는 어떤 영향을 받았는가?

항상 사람들의 시선을 의식한다면 그 이유는 무엇이고, 거기서 내가 잃는 것과 얻는 것은 무엇인가?

지금과 같은 생각과 태도를 계속 유지한다면 평생 어떤 삶을 살게 될까?

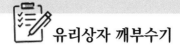

유리상자 깨부수기

우리는 자신이 습관처럼 하는 행동에 문제가 있다는 것을 알면서도 좀처럼 바꾸겠다는 생각을 하지 않는다. 과시욕과 허영심은 단지 과소비로 그치는 것이 아니라 우리 삶에서 정말 중요한 문제에 소홀하게 만든다. 자기계발에 힘쓰거나 사랑하는 사람들과 보낼 수 있는 시간과 에너지를 뺏기는 것이 가장 큰 문제다. 자신을 꾸미고 것이 개성을 표현하는 것이라면 보편적인 미의 기준 따위는 없어야 한다. 편안하고 자연스러운 모습도 역시 개성이 될 수 있다.

여자는 자신을 꾸며야 한다는 인식과 관련해서 나에게 변화가 필요하다면 어떻게 달라져야 할까?

지금 당장 시도해볼 수 있는 도전은 무엇인가?

새로운 변화를 위해 어떤 도움이 필요할까? 어떤 상황이나 관계가 변화를 방해하고 있는 것은 아닌가?

여자는 꾸며야 한다는 유리상자를 깨고 나오도록 자신을 격려해보자.

사람들의 시선에서 자유로워진다면 앞으로의 삶이 어떻게 달라질 수 있을지 상상하고 묘사해보자

여자가 하는 역할은 따로 있다

미래에는 여성 리더가 없을 것입니다. 리더가 있을 뿐.
―셰릴 샌드버그, 기업가

여자들은 사회에서 어떤 중책을 맡더라도 먼저 여성이 되어야 한다. 예를 들어, 남성 정치인들은 정치적 경력이나 정책 때문에 공격을 받지만 여성 정치인들은 종종 단지 성 역할과 관련된 편견으로 인해 자주 비난과 조롱의 대상이 된다. 이런 인식은 아마 여자들을 위축시키고 가두어두는 가장 단단한 유리상자일 것이다.

빌 클린턴 대통령이 모니카 르윈스키와 부적절한 관계를 가졌다는 사실이 밝혀졌을 때 내 주변의 많은 사람들이 이런 말을 했다.

"그는 좋은 남편이 될 필요가 없어요. 대통령만 잘하면 되는 거 아닌가요?."

만일 카밀라 해리스 부통령이 인턴에게 성상납을 받았더라도 그들이 같은 반응을 보일지 궁금하다.

2019년 미시시피 주지사 선거에 출마한 공화당 의원 로버트 포스터는 여기자가 자신의 차에 함께 타는 것을 거부했다. 그 이유를 묻자 그가 말했다.

"내가 모르는 여자와 차를 함께 타고 있는 사진이 언론에 나가면 부적절한 인상을 줄 수 있으니까 조심해야 합니다."

정치인이 대중의 불필요한 오해를 사지 않도록 행동거지를 조심하는 것이 뭐가 잘못이냐고 말할지도 모른다. 하지만 그가 우려하는 소위 부적절한 인식에 대해 생각해보자. 여자와 단둘이 있는 사진이 찍히면 부적절한 처신으로 인식될 수 있다고? 그보다 먼저 그 자신이 여기자를 기자가 아니라 성적 대상으로 인식하는 것에 문제가 있는 것이 아닌가? 만일 여성 정치인이 남성 기자와 단둘이 차를 타는 것을 거부했다면 어떤 반응이 나올까? 아마 입에 담기도 민망한 성차별적 조롱과 비난이 쏟아졌을 것이라고 충분히 예상할 수 있다.

"여자는 직업의식이 없다."

"그 정도로 섹시하지 않으니 꿈 깨세요."

"역시 여자는 어쩔 수 없다니까."

이런 반응의 여파로 인해 정치 생명이 끝날 수도 있다. 여자 정치인은 직업인으로서 프로가 되어야 하는 것은 물론이고 그 전에 여성으로서 몸가짐을 조심해야 하는 것이다.

내가 정치인들을 예로 드는 이유는 성 역할에 관한 그들의 인식이 지지자들은 물론이고 낙태, 세금, 육아휴직, 복지와 같은 정부의 다양한 정책에 직접적인 영향을 미치기 때문이다.

남녀의 역할은 문화에 따라 다르고 시대에 맞게 변화하기도 한다. 분명한 것은 여성의 능력을 의심하는 분위기로 인해 충분한 자질을 갖춘 인력이 사장되는 것이다. 그래서 남녀의 특성 차이에 대한 오래된 편견에서 벗어나기 위해서는 무엇보다 먼저 남녀의 차이를 올바로 이해하는 것이 필요하다.

2015년 이스라엘 텔아비브대학의 다프나 조엘 박사가 이끄는 연구팀은 13세에서 85세 사이의 남녀 1400여 명의 뇌를 찍은 자기공명영상fMRI을 분석해서 남자와 여자의 뇌가 어떻게 다르게 움직이는지 알아보았다. 우리 뇌는 어떤 자극을 보거나 과제를 수행할 때 특정 뇌 부위가 활성화되면서 포도당이나 산소를 소비하는데 이런 특성을 이용하여 실제로 살아서 움직이는 뇌를 실시간으로 관찰한 것이다.

연구팀은 먼저 뇌 부위에 따른 두께나 부피 등을 측정하고, 성별에 따른 차이가 가장 클 것이라고 예상하는 10개 부위를 소위 여성 구역, 남성 구역이라는 이름으로 구분했다. 하지만 관찰 결과 남성의 뇌나 여성의 뇌라고 부를 수 있는 뇌를 가진 사람은 전체 가운데 6% 정도에 불과했다. 뇌를 보고 성별을 판단할 수 있는 경우는 오직 100명 중 6명에 불과하다는 것이었다. 조엘 박사는 인간의 뇌를 남자와 여자의 특성을 함께 갖고 있다는 의미에서 '모자이크 뇌'라고 불렀다.

남녀의 뇌 구조나 호르몬의 생물학적 차이가 지능이나 행동에 어떤 영향을 주는지에 대해 지금까지 연구한 결과를 종합해보면 남녀는 생물학적, 신경계, 호르몬에서 일반적인 차이가 있지만 성별에 의한 차이보다는 개인의 차이가 더 크다는 결론을 내릴 수 있다. 남아와 여아의 성장 발달 과정에서 생물학적 요인이 어느 정도 차이를 만들 수는 있지만 개인에 따른 차이를 넘어설 정도는 아니다.

다시 말해, 남성의 뇌와 여성의 뇌가 다르다고 해도 모든 남자가 남성의 뇌를 갖고 있고 모든 여자가 여성의 뇌를 갖고 있는 것은 아니라는 것이다. 또한 우리의 뇌는 호르몬과 환경의 복잡한 상호작용에 의해 어떤 때는 소위 남성적으로 변하기도 하고 어떤 때는 여성적으로 변하기도 한다. 온전하게 남성적이라거나 온전하게 여성적이라고 할 수 있는 사람은 존재하지 않으며, 남자보다 더 남성적인 여자가 있고 여자보다 더 여성적인 남자도 있다. 성소수자들의 존재는 성정체성이 단순히 생물학적 성별에 의해 결정되는 것이 아니라는 것을 증명해준다. 성별은 우리가 인간을 구분하는 가장 기본적인 요소이지만 그보다 먼저 모든 인간은 고유한 욕구와 성향을 가진 독립적인 개체이다.

결론적으로, 뇌의 구조를 근거로 남성이 잘 하는 것과 여성이 잘 하는 것을 구분하는 것은 개인의 개성과 능력을 모두 무시한 채 여성이나 남성의 삶을 강요하는 것이나 다름없다. 남녀가 각자 갖고 있는 능력과 특성은 억압하고 무시할 것이 아니라 활용되고, 존중 받고, 격려되어야 한다. 여자들이 사회에서 성공하기 위해 자신을 남자처럼 '개조'해야 하는 것이 아니다.

남녀 사이에 갈등이 생기는 원인을 성별에 따른 근본적인 차이에서 찾는 대중 심리학은 우리에게 흥미와 재미를 준다. 하지만 남자와 여자는 본성이나 두뇌 구조가 다르게 태어난다는 생각은 상호이해에 대한 노력을 무력화시키고 불화와 대립을 부추기는 결과를 가져온다.

그 반대편에는 여성과 남성의 차이를 인정하는 것 자체를 성차별로 받아들이는 극단적인 페미니스트들이 있다. 그들은 '여성은 태어나는 것이 아니라 만들어지는 것'이라고 주장한다. 남녀의 차이는 성별을 구분하는 문화에서 경험과 환경의 영향을 받은 결과이고 만일 남녀가 태어나는 순간부터 같은 환경에서 자란다면 성별 특성이나 취향 차이는 사라진다는 것이다. 따라서 남성 편향적인 세상에서는 의도적으로 남자아이에게 소꿉놀이를 주고 여자아이에게 조립 완구를 주는 등 아이의 성별과 반대되는 교육이 필요하다고 말한다.

하지만 남녀의 차이를 부정하는 이러한 주장 역시 오히려 성별에 대한 고정관념을 강화시키는 결과를 가져올 수 있다. 양성 평등을 주장하기 위해 남녀의 특성을 비교하고 비판하는 것은 논란을 부추겨서 성 편견을 더욱 굳어지게 할 뿐이다.

인간은 세상에 나오는 순간부터 주변 세상을 관찰하면서 사회적 게임의 규칙을 찾는다. 생활에 필요한 중요한 정보를 기억으로 저장하고 그렇게 저장한 기어들을 연결해서 사고를 한다. 그렇게 해서 우리의 뇌는 신경계의 다른 부분과 정보를 주고받는 뉴런들을 연결하는 신경 경로인 시냅스로 채워지게 된다. 그래서 모든 것을 스폰지처럼 흡수하는 어린아이들에게 어떤 메시지를 심어주는지가 중요한 것이다. 다른 한편으로 우리의 뇌 기능은 고정되어 있지 않고 유연하고 탄력적이므로 사회적인 기대와 환경의 영향에 따라 계속해서 변화한다. .

아이들이 하는 행동을 보면서 우리가 어떤 식으로 칭찬을 하고 반응을 해주는지 생각해보자. 예를 들어, 아이가 달리다가 넘어졌을 때 부모의 반응은 어떨까? 아들에게는 '남자는 씩씩하게 일어나야 해. 어서 일어나서 다시 해봐'라고 격려하는 반면 딸에게는 '여자답지 못하게 조심성이 없다.'고 나무란다. 남자 아이에게는 주로 씩씩하다, 용감하다, 배짱이 두둑하다는 칭찬을 하고, 여자 아이에게는 예쁘다, 얌전하다, 착하다는 칭찬을 한다. 대부분 아무 생각 없이 무심코 하는 말이다. 남자 아이에게는 독립적이고 적극적인 행동을 칭찬해주는 반면, 여자 아이에게는 얌전하고 다소곳하고 순종적인 태도를 기대하고 그렇지 못하면 말괄량이라거나 고집이 세다는 등의 부정적이고 엄격한 잣대를 들이댄다.

스웨덴 정부는 1998년에 이미 모든 교육과정에서 차별을 금지하고 양성평등 교육을 의무화하는 법을 제정했다. 이러한 정부 정책에 부응해서 스웨덴의 이갈리아 유치원에서는 우주비행사, 간호사, 배관공 등 고정적인 남녀의 이미지를 떠올리기 쉬운 직업과 관련된 설명을 할 때는 'han(그 남자)'와 'hon(그 여자)' 대신 'hen(그 사람)'이라는 성 중립적인 대명사를 사용한다. 또한 전형적인 성역할을 묘사하는 동화보다는 '아이가 없는 수컷 기린 한 쌍이 버림받은 악어 알을 입양했다'는 등의 다양한 가족 이야기를 담은 책들을 읽어준다. 남자와 여자를 구분하는 것 자체가 고정적인 성역할 인식을 심어주어서 아이들의 잠재력과 가능성을 제한할 수 있다고 생각하기 때문이다. 그 목적은 아이들이 전통적인 성 역할에 갇히지 않고 자유롭게 진로를 선택할 수 있도록 하는 것이다. 아이들이 사회에서 유능하고 훌륭한 시민으로 성장하기 위해 성별 구분은 아무런 의미가 없는 것은 분명하다.

우리가 성차별에 반대하는 이유는 단지 여성의 사회적 지위를 높이거나 조직이나 기업에서 일하는 남녀의 성비를 똑같이 맞추기 위한 것이 아니다. 무엇보다 성 고정관념은 크게 두 가지 문제점이 있다. 첫째, 성 역할이 정해지면 사회적인 가치에 의해 상하관계가 형성되고 결국 남녀 차별로 이어지게 된다. 또한 저마다 다른 개인의 특성과 잠재력을 성별에 가두어버릴 수 있다. 남녀의 생물학적 성차를 인정하더라도 그에 비해 성역할에 대한 고정관념은 지나치게 부풀려져 있다. 양성 평등의 궁극적인 의미는 남녀의 차이를 부정하는 것이 아니라 남자와 여자를 구분해서 차별하지 않는 것이다.

기업의 리더십을 연구해온 하버드대 경영대학원의 로자세스 모스 칸터 교수는 말한다.

비즈니스 세계에서 여성 리더가 증가하고 있지만 여성 인력이 증가하는 추세와 비교하면 기대에 훨씬 미치지 못하는 수준이다. 여전히 여성들에게 육아 책임이 전가되고 있는 현실에서 경력 단절의 문제를 해결한다면 더 많은 유능한 리더가 탄생할 것이다.

남녀가 서로 조화를 이루고 보다 다양하고 창의적인 결과물을 생산해내기 위해서는 성 편견이 없는 문화와 환경을 조성해서 여성의 능력을 활용할 수 있도록 우리 사회가 다함께 노력해야 한다.

자가진단

성역할에 대한 고정관념은 무엇보다 개인의 능력 개발, 진로 선택, 삶의 방식을 제한한다. 남자는 이렇고 여자는 저렇다는 식으로 남녀의 행동이나 사고를 일반화하는 것은 개인의 특성과 잠재력을 성별에 가두어 버리는 것이다. 우리는 여성이나 남성이기 이전에 우리 각자가 개인으로서 존중받아야 하는 독립적인 인격체라는 사실을 잊지 말자. 성장과정에서 성역할에 대해 어떤 고정관념을 갖게 되었는지 생각해보자.

여자가 할 수 있는 역할이 따로 있다는 생각에 어느 정도 동의하는지 점수를 매긴다면. 1에서 5까지.   _____점

이러한 인식과 관련해서 지금까지 경험하거나 느낀 바를 이야기해보자.

------------ ------------------------------------

그러한 경험을 통해 나는 어떤 영향을 받았는가?

여자가 하는 역할이 따로 있다는 생각에서 내가 얻는 것과 잃는 것은 무엇인가?

------------- -----------------------------------

지금과 같은 생각과 태도를 유지한다면 평생 나는 어떤 삶을 살게 될 것인가?

------------- -----------------------------------

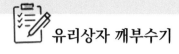 **유리상자 깨부수기**

그 동안 외면해왔던 진실을 마주하기 위해서는 용기가 필요하다. 특히 전과 다르게 행동하는 것에 대해 우리 자신이 먼저 저항한다. 따라서 우리 스스로 자신을 격려하고 용기를 북돋는 것이 필요하다. 일단 어둠에 빛을 비추어서 감춰진 진실을 꺼내 보면 생각에 변화가 일어나고 다른 방법으로는 얻을 수 없는 교훈을 배우게 될 것이다. 현실의 벽에 부딪칠 때마다 그 너머에는 더 나은 삶이 기다리고 있다는 것을 기억하자.

여자가 하는 일이 따로 있다는 인식과 관련해서 나에게 변화가 필요하다면 어떻게 달라져야 할까?

지금 당장 시도해볼 수 있는 새로운 도전은 무엇인가?

새로운 변화를 위해 어떤 도움이 필요할까? 어떤 상황이나 관계가 변화를 방해하고 있는 것은 아닌가?

여자는 하는 역할이 따로 있다는 유리상자를 깨고 나오도록 자신을 격려하는 말을 써보자.

여자는 하는 역할이 따로 있다는 생각에서 자유로워진다면 나의 삶이 어떻게 달라질 수 있을지 상상해보고 묘사해보자.

여자는 예외적이다

> 여성은 의사 결정이 이루어지는 모든 장소에 있어야 합니다.
> 여성이 예외가 되어서는 안됩니다.
>
> —루스 베이더 긴즈버그, 대법관

세계 최초의 공상과학 소설이라는 평가를 받는『프랑켄슈타인Frankenstein』이 1818년에 처음 출간되었을 때 많은 독자들은 적잖이 충격을 받았다. 그 시절 미치광이 과학자가 신의 영역인 생명을 창조하는 이야기보다 더 간담을 서늘하게 하는 이야기는 없었을 것이다. 비평가들은 신의 역할을 대신하려고 시도하는 인간을 묘사한 것은 종교에 대한 모독이라고 생각했다. 대체 누가 이런 섬뜩한 이야기를 썼을까? 작가는 분명 소설 속 괴물처럼 흉물스럽고 괴팍한 인간일 것이라고 수군거렸다. 처음에 소설은 남자 이름으로 출간되었고 마침내 진짜 작가가 알려졌을때 사람들은 그 '끔찍한' 이야기를 읽었을 때보다 더 경악했다. 매리 고드윈 셸리는 소설이 출간되던 당시 불과 열여덟살의 앳된 여성이었고 창백한 얼굴에 다소곳한 태도를 하고 있었다.

당시에는 여성이 소설을 쓴다는 것조차 생각할 수 없는 일이었다. 중산층 여성들은 훌륭한 아내, 딸, 어머니가 되어야 하고 그러한 역할에서 벗어나는 것은 사회의 규칙을 어기는 것으로 생각했다. 메리 셸리의 어머니는 최초로 페미니즘의 개념을 세상에 알린 메리 울스턴크레이프다. 딸 메리를 출산하고 11일 만에 세상을 떠났지만 그녀의 도전적인 삶과 저서 『여성의 권리옹호A Vindication of Rights of woman』를 통해 자유로운 영혼과 진취적인 정신을 딸에게 물려주었을 것이다. 이후 19세기에 들어서면서 여성에 대한 차별에 저항하고 여성의 권리를 주장하는 페미니즘 운동이 전개되기 시작했고 1920년에 여성의 참정권이 인정되면서 투표권을 행사할 수 있게 되었다.

페미니즘 운동은 계속해서 진화하는 중이다. 페미니즘이 지나치게 남성과 여성의 대결 구도를 만들고 여성성의 장점마저도 부인한다는 반성에서 출발한 피메일리즘femalism 운동은 남녀의 차이를 인정하고 여성이 가진 우수한 자질과 특성을 살려서 자아실현을 할 수 있는 기회를 갖는 것에 중점을 두고 있다. 더 나아가서 에코페미니즘ecofeminism은 생태학과 페미니즘의 합성어로, 인간의 자연에 대한 파괴, 남성의 여성에 대한 억압이 남성 중심의 문화 속에서 생겨난 것으로 보고 환경 문제를 비롯한 현대 산업사회의 여러 측면들을 비판하고 새로운 대안을 모색한다.

메리 셸리의 소설 『프랑켄슈타인』은 단지 사람들을 공포에 떨게 하는 괴물 이야기로만 볼 수 없다. 여성의 자궁을 거치지 않고 실험실에서 탄생한 비극적인 존재에 대한 이야기는 남성 위주의 사회에서 과학 기술의 발달이 불러올 수 있는 부작용에 대한 우려와 함께 윤리 의식과 책임에 대해 묻고 있다. 여성들의 목소리를 내지 못하고 중요한 결정에서 소외된 사회는 실패할 수밖에 없다는 경고이기도 하다.

과학기술의 발달은 자연과 인간성을 파괴할 수도, 복원할 수도 있다. 첨단 산업은 놀라운 발전을 거듭하며 점점 더 빠른 속도로 우리의 생활을 편리하게 해주지만 그에 수반되는 환경오염, 기후 변화, 인간성의 상실, 부의 양극화와 같은 부작용들은 당장 발등에 떨어진 불이 되었다. 요즘 기업들이 여성을 적극적으로 채용하는 이유는 단지 인력이 부족해서가 아니다. 과학기술의 발전에 수반되는 생명 윤리, 기후 변화, 생태계 파괴, 빈부격차와 같은 부작용을 해소하기 위해서는 다양한 배경과 생각을 가진 사람들이 머리를 맞대고 해결책을 찾아야 한다. 다양성은 새로운 관점과 아이디어를 가져온다. 새롭게 발생하는 수많은 과제들은 생명에 대한 사랑, 공감 능력, 모성으로 대표되는 여성성과의 조화를 이룰 때 궁극적으로 인간의 존엄성과 삶의 질을 높일 수 있고 인류의 지속 가능한 발전을 향해 갈 수 있다.

실제로 골드만삭스와 컬럼비아 대학이 함께 실시한 글로벌 연구에서는 다수의 여성을 고용하는 회사들이 수익성 외 모든 면에서 경쟁 기업들을 능가하는 것으로 나타났다. 남녀가 서로 다르게 생각하고 행동하는 것은 사실 모두에게 이익이 될 수 있다. 비슷한 사람들만 모여 있다면 다양하고 참신한 아이디어는 나올 수 없기 때문이다. 간단한 예로, 가전제품을 만들 때나 주택을 설계할 때는 여성들의 의견을 반영할 때 보다 안전하고 효율적인 상품을 만들어낼 수 있고 남성들이 보지 못하는 새로운 곳에서 해결책을 찾을 수 있다.

우리가 극복해야 하는 것은 남녀 차이가 아니라 남녀 차별이다. 양성 평등이 지향하는 목표는 여성과 남성의 차이를 제거해서 중성적인 인간을 만드는 것이 아니라 남성성과 여성성이 조화를 이루도록 하는 것이다. 선천적이거나 후천적이거나 간에, 남녀가 일반적으로 서로 다른 특성을 갖고 있다는 사실은 인정과 존중을 받아야 한다. 다양성을 사랑하고 추구하는 사회에서 남자와 여자의 차이는 아름다운 조화를 창조해내는 풍요로운 삶의 원천이 될 수 있다. 남성성이나 여성성 중에 어느 쪽이 더 중요하다거나 우월하다고 말할 수는 없으며 어느 한쪽의 특성을 위에 놓는 것은 인간의 평등성과 존엄성을 훼손하고 인권을 침해하는 것이나 다름없다.

내 친구 데이비니는 직장 상사가 종종 그녀가 입는 옷에 대해 지적을 하는가 하면 언제 아이를 갖느냐고 묻는다고 한다.

그 상사가 정말 하고 싶은 말은 여자라고 해서 이런저런 핑계를 대지 말고 남자들처럼 열심히 일해야 한다고 경고하는 것이다. 여자가 조직에서 인정을 받으려면 여성을 포기하고 남성이 되라는 것이다.

버락 오바마는 역사상 처음으로 자신을 페미니스트라고 칭한 대통령이었지만 초선 시절의 수석 보좌관 중 3분의 2는 남성이었다. 얼마 후 여성 보좌관들은 자신들이 의견을 말하면 무시를 당하고 인정을 받지 못한다고 생각해서 소위 '확성기'라고 부르는 방법을 개발했다. 한 여성 보좌관이 의견이나 아이디어를 제시하면 또 다른 여성 보좌관이 그것을 다시 한 번 말하는 것으로 주목을 받을 수 있도록 하는 것이었다. 그 방법은 효과가 있었고 그 후로 더 많은 여성들이 보좌관으로 채용되었다. 그들의 아이디어와 결과에 대해서는 찬사를 보내지만 다른 한편으로 생각해보면 여자들이 남자들과 동등한 대우를 받기 위해 더 열심히 투쟁을 해야 한다는 사실이 씁쓸하게 느껴진다.

2020년 작고할 때까지 여성의 인권 향상을 위해 소신을 밝히고 판결을 내렸던 루스 베이더 긴즈버그 미 연방대법관은 이런 말을 했다.

가끔 사람들은 이런 질문을 합니다. '대법원에 여성이 얼마나 있으면 충분합니까?'라고요. 내가 9명(정원 9명)이라고 대답하면 모두들 깜짝 놀라죠. 하지만 남자가 9명이 있었을 때는 아무도 의문을 제기한 적이 없습니다.

조직 구성원의 다양성은 어느 분야에서나 보다 나은 제품, 서비스, 수익을 창출할 수 있는 기반이 된다. 독일, 오스트리아, 스위스의 171개 기업을 조사한 연구 결과, 다양성 지표가 높은 기업은 혁신적인 제품과 서비스를 통해 경쟁 회사들보다 38%나 더 높은 수익을 거두었다. 미국 터프츠대 교수 바스카르 차크라보르티는 다양성 부족의 위험성에 대해 지적했다.

다양성과 포용성이 부족한 조직은 공정성과 정의라는 가치를 훼손할 뿐 아니라 생산하는 제품과 서비스의 치명적 결함으로 이어지기도 한다. 성별이나 인종, 지역 등 다양한 배경의 인재가 없으면 다양한 관점이 부족해서 제품을 설계하는 초기 단계부터 잘못되는 경우가 많다

실제로 백인 남성 과학자로 이루어진 그룹과 다양한 인종, 성별, 그리고 연령대의 과학자구글로 구성된 두 그룹을 대상으로 창의성과 혁신을 조사한 연구에서 같은 과제가 주어졌는데 백인 남성으로만 이루어진 그룹은 다양한 배경을 가진 그룹보다 훨씬 적은 해결책을 내놓았다. 당연한 결과다. 비슷한 경험과 배경을 가진 사람들에게서 얼마나 다양한 해결책이 나오겠는가? 이제 현대사회가 요구하는 다양성을 추구하는 기업에서 여성을 제외시키는 것은 혁신을 포기하는 것이나 다름없다.

몇 년 전 '여성 지도자의 리더십'이라는 제목으로 열린 간담회의 패널로 초대를 받아서 참석한 적이 있다. 나에게 발언권이 주어졌을 때 불편하더라도 지적을 해야겠다고 느꼈다.

"오늘 이 간담회는, 제가 알기로는, 리더가 갖추어야 하는 자질에 대해 이야기하는 자리입니다. 그런데 '여성 지도자'라는 제목은 문제가 있다고 생각합니다. 고위직 여성의 숫자가 얼마 되지 않는다고 해서 굳이 '여성 리더' 또는 '여성 CEO'라고 구분해야 할까요? 이런 식의 구분은 여성에 대한 고정관념을 지속시키고 여성은 예외에 속한다는 인식을 줄 수 있습니다."

주최 측과 청중 속에서 놀라는 표정들이 보였다. 나는 계속해서 말했다.

"사소해보이는 문제를 들추어 내는 이유는 우리가 사용하는 언어가 매우 중요하다는 것을 말하려는 것입니다. 여성은 소수자가 아니고 인구의 절반을 차지하고 있습니다. 그런데도 굳이 여성이라는 꼬리표를 붙인다면 여성이 예외적이라는 인식에서 벗어날 수 없습니다."

그 날 오전에 열린 행사가 끝나고 점심시간에 우리가 앉아 있는 테이블로 행사를 주최한 회사의 직원이 다가왔다. 그녀는 티셔츠를 구매하지 않겠느냐고 물으면서 앞면과 뒷면을 번갈아서 보여주었다. 그 때 내 눈에 뭔가가 들어왔다.

"잠깐만요. 티셔츠 뒷면을 다시 보여주시겠어요?"

티셔츠 뒷면에는 그 간담회에 참가한 패널들의 이름이 새겨져 있었고 내 이름도 있었다. 내가 아는 한 주최 측에서 그런 제품을 만들어서 판매하겠다고 우리에게 허락을 구한 적이 없었다. 내가 물었다.

"나는 우리 이름을 넣은 티셔츠를 판매한다는 이야기를 듣지 못했는데요."

그러자 패널로 함께 참가한 여사가 옆에서 말했다. "우리 이름을 올려준 게 어디에요?"

이름이 올라간 것만으로도 감사하게 생각해야지 뭘 그렇게 까다롭게 따질 필요가 있느냐는 말투였다. 나는 그 여자에게 어떤 문제가 있는지 차분하게 설명했다. 본인의 허락을 받지 않고 상품에 이름을 올리는 것은 불법이다. 만일 주최 측에서 법을 모르는 것이 아니라면 우리를 무시한 처사다. 여자라고 해서 먹다 남은 뼈를 던져주면 감사하게 받아먹어야 한다는 것인가.

결국 나에게 돌아온 것은 주최측의 보복이었다. 그들은 나의 항의로 티셔츠 판매를 중단하는 대신 동영상에서 내가 출연한 부분을 삭제해버렸다. 그들이 설명하기를 내가 비디오 출연을 원하지 않을 것 같아서 영상을 편집했다고 했다. 사실은 간담회의 제목에 대해 이의를 제기하고 내 이름이 새겨진 티셔츠 판매에 반대한 것이 못마땅했던 것이다.

돌봄이나 보육과 관련된 직업이나 여성이 주고객인 몇몇 직종과 단순 노무직을 제외하면, 여자들은 거의 모든 분야에서 여전히 예외적인 존재로 지칭이 된다. '여성 지도자' '여성 CEO'와 같은 호칭은 대부분 남자들이 하고 있는 역할에서 여자는 소수에 불과하다는 인식을 확인하고 강화시킨다. 우리가 무심코 사용하는 언어 습관이 여성의 사회 참여가 일반적이지 않고 특별한 예외라는 인식을 굳히게 만드는 것이다. 결국 그 회담의 패널로 내가 기여한 부분은 모두 허사가 되긴 했지만 내 생각을 전달하는 기회를 가진 것에서 의미를 찾기로 했다. 부당한 처사에 대해 항의를 하지 않고 침묵한다면 세상은 바뀌지 않는다.

"미래에는 여성 리더가 없을 것이다.
리더가 있을 뿐."

무엇이 나를 작아지게 하는가

자가진단

흔히들 성격이 내향적이면 모든 일에 적극적이지 못하다고 생각하는 경향이 있다. 하지만 도전과 모험에 소극적이 되는 것은 내향적인 성격이 때문이 아니라 자기제한적 믿음 때문이다. 내향적인 성격은 오히려 신중하게 계획하고 집중해서 목표를 달성할 수 있는 가능성이 높다. 지금의 내가 되기까지 여성이라는 정체성이 어떤 영향을 주었는지 이해할 때 비로서 자기 제한적 믿음에서 벗어날 수 있다.

여자의 성공은 예외적이라는 생각에 어느 정도 동의하는지 점수를 매긴다면? 1에서 5까지　　　　　＿＿＿점

이러한 인식과 관련해서 지금까지 경험하거나 느낀 바를 이야기해보자.

그런 경험을 통해 나는 어떤 영향을 받았는가?

어떤 상황에서 소극적이 된다면 그 이유는 무엇인가?

여자는 예외적이라는 생각에서 얻는 것은 무엇이고 잃는 것은
무엇인가?

지금과 같은 생각과 태도를 유지한다면 평생 어떤 삶을 살게
될 것인가?

------------ --------------------------------

유리상자 깨부수기

생각의 변화를 행동으로 옮길 마음의 준비가 되었다면, 지금까지와는 다른 삶을 살기 위해 어떤 각오가 필요한지 생각해보자. 나는 원래 이런 사람이라고 한계를 정해두면 그 밖으로 나가는 것이 힘들어진다. 우리 자신의 한계라고 생각하는 이유에 대해 질문을 해보자. 그 이유에는 아마 진실도 있겠지만 고정관념과 선입견이 있을 것이다. 관점을 바꿔서 당신이 갖고 있는 잠재력에 대한 믿음을 가져보자.

여자의 성공은 예외적이라는 인식와 관련해서 나에게 어떤 변화가 필요한가? 어떻게 달라져야 할까?

지금 당장 시도해볼 수 있는 도전은?

새로운 출발을 위해서는 어떤 도움이 필요할까? 어떤 상황이
나 관계가 도전과 변화를 방해하고 있는 것은 아닌가?

여자는 예외적이라는 유리상자를 깨고 나오도록 자신을 격려
하는 말을 써보자.

여자는 예외적이라는 생각에서 자유로워진다면 나의 삶이 어
떻게 달라질 수 있을지 상상하고 묘사해보자.

1부에서는 여성을 유리상자에 가두어두는 고정관념과 편견에 대해 알아보고 우리 각자가 그런 생각에 얼마나 길들여져 있는지에 대한 자가진단과 함께 새로운 변화를 위한 마음의 준비를 마쳤다. 당신의 발목을 잡고 있는 두려움이나 열등감이 사실이나 진실이 아니라 단지 가정에 불과하다는 사실을 알고 마음의 위안과 함께 자신감을 갖게 되었기를 바란다. 이제 좀 더 가벼운 발걸음으로 다음 단계를 향해 갈 수 있을 것이다. 잠시 쉬면서 여기까지 온 자신을 칭찬하고 축하해주는 시간을 가져보자.

II
나에게 집중하는 시간 / 나를 발견하는 시간

편건은 무지의 소치다.
편건을 버리는 것은 언제라도 늦지 않다.

– 헨리 데이빗 소로

어두운 동굴을 통과하면 빛이 보인다

만일 굴욕을 당하거나 마음에 상처를 입은 적이 없다면
당신은 지금까지 살면서 어떤 모험도 해보지 않은 것입니다.
―줄리아 소렐

우리를 속박하는 오래된 성 편견에 대해 배운 것을 마무리하
고 변화를 위한 새로운 각오를 다질 시간이 되었다. 그러한 편
견이 어디서 왔고 당신이 어떻게 거기에 굴복해왔는지 깨달았
다면 아마 자책감, 후회, 원망과 같은 불편한 감정들을 느껴야
했을 것이다. 화가 나서 울음이 터졌다면 속이 후련해지는 카타
르시스를 경험했기를 바란다. 이제 생각의 변화를 행동의 변화
로 옮기기 전에 주어진 과제는 앞에서 이야기한 열 가지 성 편
견을 대체할 수 있는 새로운 가치관을 정립해서 변화의 의지를
고취시키는 것이다.

초등학교 때 숲 속에서 열리는 여름방학 캠프에 참가한 적이
있다. 집을 떠나 일주일 동안 자연 속에서 뛰놀며 독립심과 모
험심을 기르는 활동을 이어갔다. 하루는 아침을 먹은 후 좀 더
깊은 산속에서 하이킹을 하다가 동굴을 만났다. 지도교사는 누

가 그 동굴을 통과하는 도전을 해보지 않겠느냐고 물었다. 동굴을 통과하려면 작은 구멍을 기어가야 하는데 몸집이 큰 아이들은 들어갈 수 없고 작은 아이들은 들어갔다가 겁을 먹고 다시 돌아 나오는 것을 보면 아마 쉽지 않을 거라고 했다. 모두들 서로 얼굴을 쳐다보며 머뭇거리고 있을 때 내가 번쩍 손을 들었다. 또래 아이들 중에서도 제일 몸집이 작은 내가 앞으로 나가자 모두들 놀라워하며 입을 딱 벌렸다.

나는 의기양양하게 어두운 동굴 안으로 들어갔지만 곧바로 겁이 나기 시작했다. 뭔지 모를 소름끼치는 것들이 사방을 둘러싸고 있는 것처럼 느껴졌다. 머리 위에는 박쥐들이 매달려 있고, 발 밑에는 뱀들이 기어다니고, 거미가 옷 속으로 기어들어오는 것만 같았다. 나는 정신을 차리고 침착하게 어두운 동굴 벽을 더듬거리며 나아갔고 마침내 교사가 말한 작은 구멍에 도달했다. 그 안을 들여다보니 한 줄기 빛도 보이지 않았다. 과연 반대편에 나가는 구멍이 있는지 의심스러웠다. 그만 포기하고 돌아갈까 생각했지만 내 자존심이 허락하지 않았다. 다시 한 번 마음을 단단히 먹고 땅바닥에 엎드려서 구멍 안으로 들어가긴 했지만 금방이라도 울음이 터질 것 같았다. 아무것도 보이지 않는 어둠이 영원히 계속될 것만 같았다. 그러다가 어느 순간 앞쪽에서 희미하게 빛이 들어오는 것이 보였고 그제서야 안심이 되었다.

반대편 입구에서는 친구들과 교사들이 먼저 와서 기다리고 있다가 내가 흙과 벌레에 뒤덮인 채 구멍에서 기어나오는 것을 보고 박수를 치며 환호성을 질렀다. 그 경험은 나에게 인생을 살아가는 세 가지 교훈을 가르쳐주었다.

- 뭔가를 직접 시도해보기 전까지는 내가 정말 그것을 할 수 있는지 알 수 없다.
- 일단 시도를 해보면 생각보다 내가 용감하고 강하다는 것을 알게 된다.
- 어둠이 깊을수록 새벽은 밝다. 어려움을 견디고 이겨냈을 때 주어지는 보상은 자신감이다.

나는 어릴 때 평범한 일상에서는 흥미와 만족을 느끼지 못하는 말괄량이 꼬마 소녀였다. 도전이 없으면 지루해 했고 뭔가를 하다가 실패를 하면 내가 부주의하기 때문이지 감당할 수 없는 일이라고는 생각하지 않았다. 나 스스로 꽤나 용기가 있고 모험을 좋아한다고 자부했다.

하지만 사춘기를 거치면서 나는 세상과 타협하는 법을 배우기 시작했다. 친구들에게 따돌림을 당하지 않으려고 나의 주관을 버리고 그들과 똑같이 생각하고 행동하려고 노력했다. 그리고 그 후 20여년에 걸쳐 다른 사람들의 기대에서 벗어나지 않는 안전한 길을 선택해왔다. 내 인생에 개입할 어떤 권한도 없는 사람들에게서까지 인정과 지지를 받고 싶어 했다. 주변 사람들과 충돌하거나 미움을 살만한 행동은 하지 않았다.

그러다 보니 삼십대 중반이 되어서 그동안 쌓아올린 공든 탑이 무너져내렸다고 느꼈을 때 속수무책이 되었다. 이혼과 사업 실패가 있었지만 근본적인 원인은 아니었다. 어느 날 문득 나 자신을 잃어버린 것처럼 무기력하게 느낀다면 그것은 한 순간에 일어난 일이 아니라 오래 전부터 시작된 것이다. 사실 내가 무너져 내린 것은 어떤 엄청난 사건이 있었기 때문이 아니었다. 나를 기다리고 있는 진실하고 더 충실한 삶이 있다는 것을 알면서도 오랜 세월에 걸쳐 내것이 아닌 믿음을 받아들인 결과였다. 그 동안 종이에 수천 번 손을 베여서 서서히 죽어가고 있었다는 것을 마침내 깨달은 것이다.

우리가 갖고 있는 생각과 믿음은 정서와 행동에 결정적인 영향을 미친다. 불안이나 우울, 열등감, 시기, 질투 등의 감정 반응은 주로 개인의 믿음 체계에 의해 발생한다. 다시 말해, 어떤 상황을 마주했을 때 객관적 사실보다는 그 상황을 바라보는 주관적인 관점에서 비롯된다. 나는 다른 사람들이 갖고 있는 믿음과 신념에 대해 이러쿵저러쿵 판단할 생각이 없다. 어느 누구도 다른 사람의 가치관에 대해 비난할 권리가 없다. 가정을 이루고 남편을 내조하면서 사는 것을 원한다면 그렇게 하면 된다. 사랑하는 사람을 돌보기 위해 하고 싶은 일을 뒤로 미룰 수 있다. 다만 그러한 선택을 하는 이유가 자신의 가치관에 부합하고 정말 원해서 하는 것인지, 아니면 그렇게 하지 않으면 안된다는 의무감이나 죄책감 때문인지 생각해봐야 할 것이다.

여자들은 자신이 하는 행동에 대해 혼란스러운 메시지를 받는다. 같은 행동이라도 남자가 하면 '열정'이 되고 여자가 하면 '무분별한 감정'이 된다. 남자가 하면 '리더십'이 되고 여자가 하면 '오만함'이 된다. 또는 '여자라서 그렇다'라는 단정적인 말로 무시를 당한다. 남자에게는 밖으로 나가보라고 독려하는 반면, 여자에게는 안에 머물러 있으라고 타이른다.

"남자가 그러면 좀 어때?"
"여자는 그러면 안된다!"

이런 메시지들을 통해 여자는 나약하고, 부족하고, 불안정하고, 지적으로 열등하다고 느끼도록 길들여진다. 자신의 욕구와 꿈은 그다지 중요하지 않다고 믿게 된다. 여자는 큰 일을 하기에는 능력이 부족하고, 행복해지기 위해서는 다른 누군가가 필요하고, 자기 자신을 먼저 생각하는 것은 이기적이라는 생각에 굴복한다. 그리고 계속 그렇게 살다보면 더 이상 자신이 정말 누구인지 알지 못하게 된다.

불공평하고 부조리한 세상을 비난하면서 신세타령이나 하는 것으로는 아무것도 변화하지 않는다. 세상은 원래 우리 생각대로 되는 것이 아니다. 당신을 힘들게 하는 사람들이 있다면 그들을 스승으로 여기자. 당신을 단련시켜서 깨우침을 주는 역할이라고 생각하자. 우리는 다른 사람을 바꿀 수는 없다. 우리가 할 수 있는 것은 우리 자신을 변화시키는 것이다. 우리 자신을 변화시켜서 행동으로 보여줌으로써 그들 스스로 변하게 해야 한다.

여성에게 무엇이 받아들여지고 무엇이 받아들여지지 않는지를 알려주는 규칙들은 변함없이 남아있다. 여자들은 그런 규칙들을 내면화해서 스스로 가혹한 자기 검열을 한다. 지난 세기동안 여성의 권리가 향상되고 제도적으로 많은 발전을 이룬 것은 사실이지만, 여자들은 여전히 다른 사람들의 기대에 맞추느라고 오래된 규칙들을 거부하지 못한다. 대세를 거스르지 않고 순응하고 다른 사람들에게서 답을 구하려고 한다. 자신이 가진 힘을 내주고 누군가에게 의지한다. 허리를 숙이고 몸을 움츠리면 비난 받지 않을 수 있다고 믿고 자신이 어떤 사람인지, 무엇을 원하는지 돌아볼 새가 없다. 개인적인 욕구와 사회가 요구하는 역할 사이에서 줄다리기를 한다.

우리 사회는 그 자체가 하나의 거대한 조직이고 그보다 작은 조직들로 이루어져 있다. 일단 우리가 조직에 속해 있는 한 그 조직에 기여를 하고 인정과 보상을 받고자 하는 욕망은 당연한 것이다. 오늘날 표면적으로는 모두들 한목소리로 남녀가 평등하고 동등한 기회를 가져야 한다고 주장하지만, 여자들을 핵심 직무에서 제외시키고 다양한 업무 경험을 할 수 있는 기회를 주지 않는 '유리벽'이 존재하는 것이 현실이다. 그러다 보니 승진에서 밀려나고 고위직으로 올라가지 못하도록 가로막는 보이지 않는 '유리천장'에 부딪친다. 이러한 유리벽과 유리천장을 극복하기 위해서는 먼저 우리 내면의 유리상자를 부수고 나와야 한다.

유리 상자에 갇혀서 누군가에게 위협이나 도전이나 성가신 존재가 되지 않도록 조심하다가 어느 날 갑자기 거침없이 목소리를 높이고 이의를 제기하고 의견을 제시하는 모습을 보여준다면 아마 누군가는 당황하거나 질투를 할지도 모른다. 그들의 표정은 이렇게 말할 것이다.

"여자가 어떻게 그래요? 그러면 안됩니다."

그러면 이렇게 물어보자.

"안 된다고 하는 이유가 뭐죠?"

아마 그들의 대답에서 합당한 이유는 들을 수 없을 것이다.

자기실현은 나를 찾아가는 여행

내가 성장하면서 깨달은 교훈 중에 하나는
나 자신에게 충실하지 못하고 다른 사람들의 말에 휘둘리면
원하는 목표에서 멀어진다는 것입니다.
— 미셸 오바마, 변호사

최근에 당신 자신에게 온전히 집중하는 시간을 가진 적이 있는가? 휴대폰을 끄고 일상에서 한 발짝 떨어져서 좋아하는 활동에 몰입하는 시간을 가진 적이 있는가? 아니면 언제 그런 시간을 가졌는지조차 기억에 없는가? 우리는 일과 개인적인 생활 사이의 균형을 이야기한다. 하지만 삶의 균형을 위해 필요한 것은 시간을 배분하는 것보다 우선순위를 정하는 것이다. 바쁜 일상 속에서 시간은 우리 마음대로 만들 수 있는 것이 아니기 때문이다. 우리가 목표로 할 수 있는 삶의 균형은 언제 무엇을 할지 결정할 수 있고 그 시간을 충실하게 보내는 것이다.

우리는 먹고 살기 위해 반드시 해야 하는 일이 아니라도 자의나 타의에 의해 개인적인 생활조차 온전히 내 것으로 사용하지 못한다. 예를 들어, 여기저기서 당신을 필요로 하는 친구, 가족, 동료들의 요청을 거절하지 못할 수 있다. 사랑하는 사람들은 우리 삶에서 중요한 부분을 차지하며 많은 기쁨을 가져다준다. 그

래서 사람들과의 관계에서도 균형을 맞추는 것이 중요하다. 우리 자신을 돌보는 시간을 갖지 않는다면 정신적이고 신체적인 피로를 느끼게 되고 나중에 그들을 원망하게 될 수도 있다.

여기 우리 자신에게 집중하는 방법이 있다.

사람들과 적당한 거리를 두는 것은 우리 자신을 돌보고 존중받을 수 있는 방법이다. 그러자면 분명한 경계가 필요하다. 나에게 초점을 맞추기 위해서는 내가 필요로 하고 원하는 것이 무엇인지 알아야 한다. 인간관계를 소홀히 하는 것은 아니지만 다른 사람들을 위해 나 자신을 고갈시키지 않아야 한다. 나를 먼저 돌봐야만 다른 사람들을 돌볼 수 있는 여력이 생기는 것은 당연하다. 취미 생활을 즐기고 자기계발을 한다면 활력을 유지하고 자존감도 높아진다. 그 결과 자신에게 주어진 과제에 충실하게 되고 다른 사람들에게도 긍정적인 에너지를 나누어줄 수 있게 된다.

시간과 노력을 투자하지만 보람을 느끼지 못하고 지치기만 하는 활동은 그만 두어야 한다. 예를 들어, 소모적이고 해로운 만남은 줄이거나 거절할 수 있다. 그 시간에 우리 자신을 보살피거나 사랑하는 사람과 더 많은 시간을 보낼 수 있다. 모든 것을 다 할 수는 없다. 처음에는 나 자신을 먼저 생각하는 것이 이기적으로 느껴질 수도 있고, 적절한 균형을 유지하기가 어려울 수 있다. 평소에 거절을 해본 적이 별로 없다면 상대방의 반응이 걱정될 수도 있다. 그럴 때는 다음 몇 가지를 기억하면 도움이 될 것이다.

- 미안해하거나 변명하지 않아도 된다. 거절하는 이유를 짤막하게 설명하면 도움이 되겠지만 대부분의 경우에는 변명할 필요조차 없다. '함께 할 수는 없지만 나를 생각해줘서 고맙다'는 한마디 말로 충분하다.
- 사람들은 금방 익숙해진다. 당신이 태도를 바꾸었을 때 누군가가 상처를 받는다면, 그 사람에게 익숙해질 시간을 주자. 아마 오래 걸리지 않을 것이다.
- 다른 누구보다 먼저 당신 자신을 아끼고 사랑하자. 우리 자신을 위한 시간을 가질 권리와 필요가 있다는 사실을 기억하자. 당신이 자신을 돌보는 것을 지지하지 않는 사람이라면 아마 좋은 친구는 아닐 것이다.

이제 당신 자신을 위한 시간을 확보했으면 그 시간을 어떻게 사용할지 생각해보자. 갑자기 나만의 시간이 생기면 평소에 하고 싶었던 일이 너무 많아서 무엇을 먼저 해야 하는지 혼란을 느낄 수 있다. 아니면 혼자 있는 시간이 무료하거나 시간 낭비처럼 느껴질 수 있다. 다음 몇 가지를 염두에 둔다면 그 시간은 얼마 안가 자아 발견과 개인적인 성장을 위해 더없이 소중한 시간이라는 것을 깨닫게 될 것이다.

1. 특별히 좋아하지는 않지만 사람들과 어울리기 위해서 하는 활동이 있는가? 혼자일 때는 무엇을 하면서 보내는 시간이 가장 즐거운가? 이 질문을 해보면 다른 사람과 상관없이 나에게 기쁨을 주는 활동이 무엇인지 알 수 있다.

2. 우리는 평생 교육의 시대를 살고 있다. 제자리에 멈춰 있는 것은 뒤처지는 것을 의미한다. 취미로 배우기 시작한 일에서 자신의 재능을 발견할 수 있다. 내가 가장 배우고 싶어 하는 주제는 무엇이며, 어떻게 배울 수 있는지 생각해보자.

3. 글쓰기는 자기 성찰의 가장 효과적인 도구다. 매일 단 30분이라도 생각나는 주제로 글을 써보자. 내 생각과 관심사를 글로 써보면 어떤 패턴이 보이는가? 그 패턴을 보면 내가 무엇을 원하는지 알 수 있다.

4. 항상 하고 싶었지만 엄두가 나지 않아서 미루어두었던 도전이 있는가? 어떤 두려움이 있는지 생각해보자. 미지의 영역은 두려움을 주지만 배우고 익숙해지면 두려움이 사라지기 시작한다.

5. 운동을 하면 인지 기능이 향상되고 스트레스 수준이 낮아지는 등 여러 가지 건강상의 이점이 있다. 산책을 하면

서 신선한 공기를 마시는 것만으로도 마음의 여유가 생기면서 정신이 맑아지고 창의성과 안정감을 회복할 수 있다.

6. 아침에 명상을 하면 집중력이 향상되면서 하루를 힘차게 시작할 수 있다. 현재의 순간에 집중하면 부질없는 근심과 걱정에서 벗어나고 평정심과 자제력으로 스트레스에 대처할 수 있다.

아름다운 정원을 가꾸기 위해서는 물뿌리개에 물을 가득 채워서 여기저기 골고루 뿌려야 한다. 우리의 삶도 마찬가지다. 어느 한 부분에 치우쳐서 다른 부분들을 돌보지 않으면 삶의 균형이 무너진다. 자기실현은 결과가 아닌 평생에 걸친 과정이다. 우리는 자신에게 충실한 삶을 살 때 진정한 만족과 행복을 누릴 수 있다. 만일 당신이 참고 견디는 삶을 살고 있다면 그 삶은 당신의 것이 아니다.

가치관이 중요한 이유

> 우리가 어떤 사람인지 알려면 우리가 가진 능력보다는
> 우리가 하는 선택을 보면 훨씬 더 잘 알 수 있단다.
> ― 『해리 포터』, 조앤 롤링

다음 생에서 다시 여자로 태어난다면 어떤 삶을 살 것인가?
나에게 한 가지는 분명하다. 여자이기 이전에 독립적인 개인으
로 생각하고 행동할 것이다. 사회와 주변 사람들이 여자들에게
요구하는 방식이 아닌 내가 원하는 방식으로 살아갈 것이다.

인생 이야기를 새롭게 다시 쓰는 것은 어려운 일이다. 특히
가깝게 지내던 사람들 중에 누군가는 당신의 변화에 실망하고
화를 낼지도 모른다. 당신을 끌어내려서 다시 예전의 모습으
로 돌려놓으려고 할 수도 있다. 양동이에 들어 있는 게들 중에
한 마리가 탈출을 시도하면 다른 게들이 집게발로 끌어당겨서
나가지 못하게 하는 것처럼 말이다. 그 이유는 당신을 진심으
로 걱정하기 때문일 수도 있고, 당신이 새로운 모습이 어색하
고 멀게 느껴져서 섭섭할 수도 있고, 당신이 성장하고 발전하
는 것을 질투하는 것일 수도 있다. 사람들이 뭐라고 하든 의연
한 태도를 보여준다면 결국 그들은 당신의 변화를 인정하고 존
중해줄 것이다.

하지만 우리 스스로 원하지 않는 변화는 시도해봐야 오래 가지 못하고 결국 흐지부지 되고 만다. 1부에서는 우리 자신도 모르게 갖고 있는 고정관념에 대한 성찰과 변화에 대한 의지를 확인했다. 이제 우리는 자가진단을 통해 알게 된 사실들로부터 새로운 가치관을 정립할 수 있다. 우선 당신이 인생에서 가장 소중하게 여기는 가치가 무엇인지에 대해 생각해보자.

당신이 추구하는 가치가 무엇인지에 대해 생각해본 적이 있는가? 당신은 자신이 중요하게 생각하는 가치에 따라 판단하고 행동하고 있는가?

우리가 어떤 가치관을 갖고 살고 있는지 아는 것은 왜 중요할까? 가치관은 개인의 신념 또는 원칙이라고 할 수 있다. 사람들은 자신의 신념을 지키기 위해 많은 노력을 기울이고 때로는 큰 대가를 치르기도 한다. 우리는 의식을 하지 못해도 자신의 신념에 반하는 결정은 하지 않는다. 예를 들어, 정직을 가장 중요하게 생각한다면 부정행위를 하는 조직이나 사람들 속에서 오래 견디지 못할 것이다. 사람에 대한 예의를 중요하게 생각한다면 남자친구가 식당에서 웨이터를 함부로 대하는 것을 보고 그와 헤어질 결심을 할 수도 있다. 도시에서 살면서 분주하고 시끄러운 환경이 참을 수 없다면 시골로 이사를 해야할 것이다.

가치관이 분명하다면 자신이 어떤 사람인지 알고 세상의 편견에 흔들리거나 휘말리지 않을 수 있다. 매일의 의사 결정을 신속하게 할 수 있고 원하는 목표에 집중할 수 있다. 시간과 에너지를 효율적으로 사용해서 좀 더 빨리 목적지에 도달할 수 있을 것이다. 반면에 가치관에 혼란을 느낀다면 아무 생각 없이 다른 사람들을 따라 다니면서 방황을 하게 될 것이고 그러다가 뒤늦게 자신이 원하는 길이 아니라는 것을 깨닫게 될 것이다. 길에서 너무 멀리 벗어나면 다시 돌아올 수 없게 된다.

우리가 가진 가치관을 알고 그에 맞는 선택을 하는 것은 잘못된 선택이나 결정으로 자신을 함정에 빠트리지지 않을 수 있는 가장 안전한 대책이다. 또한 우리가 소중하게 생각하는 대상에 시간과 노력을 투자하면서 열정을 유지할 수 있다. 그 결과 얻을 수 있는 최고의 보상은 행복감이다. 마음이 열리고, 창의성이 솟아나고, 활력이 넘친다. 다른 사람들이 정해놓은 기준과 기대에 맞추면서 쫓기듯이 사는 것이 아니라 하루 24시간을 보다 편안하고 행복하고 만족스럽게 보낼 수 있다.

이제 당신이 중요하게 생각하는 가치가 무엇인지 확인해볼 차례다. 이것은 지금까지 자신의 가치관에 대해 생각해보지 않았거나 가치관의 혼란을 느끼는 사람들 모두에게 필요한 연습이다. 사람들이 중요하게 여기는 가치들을 예로 들어보면 다음과 같다.

건강, 성취, 일과 사생활의 균형, 명예, 사회적 지위, 경제력, 독

립, 자유, 종교, 영성, 창의적 활동, 외모, 취미 생활, 모험, 자기
계발, 지적 호기심, 전문성, 인간관계, 로맨스, 진실성, 겸손함,
성실함, 질서, 열정, 안정, 사회 정의, 환경 보호, 생명 존중, 인류
애, 봉사활동, 세계 평화, 등등.

이런 가치들 중에 '와, 이 가치는 정말 훌륭해. 나의 신념으로
삼아야겠어'라는 생각이 드는 것들이 있을 것이다. 하지만 어떤
가치가 훌륭해 보인다고 해서 자신에게 강요하는 것은 시간 낭
비가 될 것이다. 어느새 흥미를 잃고 지루하게 느낄 것이다. 당
신이 정말 중요하고 소중하게 생각하는 가치가 무엇인지 생각
나는 대로 열거해보자.

당신이 중요하게 생각하는 가치들이 외부의 압력이나 기대에
의한 것은 아닌지, 마음 속에서 우러나서 추구하는 것인지 생각
해보자. 이번에는 위에 적은 가치들 중에 가장 중요하게 생각하
는 것부터 순서대로 열거해보자.

우리가 살면서 무엇을 선택하고 무엇을 버릴지에 대해 결정하는 것은 인생의 성공과 실패를 좌우하는 매우 중요한 요인이다. 자신의 가치관을 알면 대인관계나 직업처럼 우리의 삶에 장기적으로 영향을 주는 문제에서 좀 더 현명한 선택을 할 수 있다.

지금까지 내가 해온 일들과 만나온 사람들을 생각해보면 나의 가치관에 어긋나는 일이나 관계는 오래 유지되지 못했다. 예를 들어, 창의성이나 모험심을 필요로 하지 않는 일을 하면 얼마 안가 지루해지고, 신뢰할 수 없는 사람과는 관계가 오래 가지 못한다. 직장이나 직업을 선택할 때도 마찬가지로 자신의 가치관과 맞는지 생각해봐야 한다. 얼마 안 가서 열정과 의미를 잃어버리기 때문이다. 인생의 진로를 결정할 때 우리 자신의 내적 기준을 따르지 않는다면 자기 인생의 주인으로 살아갈 수 없다.

내가 20대 후반에 만났던 한 남자는 나를 사랑하지만 '결혼상대는 아니다'라고 미리 못을 박았다. 그가 결혼상대로 원하는 여자의 조건이 정확히 무엇인지는 지금도 모른다. 하지만 그 때 나는 그 남자에게 푹 빠져 있었으므로 사랑보다 결혼 조건을 따지는 것이 도무지 이해가 되지 않았다. 하지만 지금 생각해보면, 일생을 함께할 반려자를 선택할 때는 적어도 두 사람의 가치관이 충돌하지 않는지 생각해볼 필요가 있다. 셰릴 샌드버그는 자신의 솔직한 경험담과 일하는 여성들을 위한 조언을 담은 저서

『린 인』에서 말했다.

좋은 남편감은 자신과 동등한 관계의 동반자를 원하는 남자이다. 아내가 현명하고 자기 의견을 분명히 표현하며 야망이 있어야 한다고 생각하는 남자를 골라야 한다.

당신은 어떤 가치를 가진 일과 활동을 하고 어떤 가치관을 가진 친구나 반려자를 만나기를 원하는가?

_____

_____

_____

우리가 어떤 가치관을 갖고 있는지 알고 있어야 하는 또 다른 이유는 주변 사람들에게 우리가 하는 선택이나 결정이 진지하고 견고하다는 것을 보여줄 필요가 있기 때문이다. 변명하지 말고 분명하게 당신이 어떤 가치를 추구하는지 이야기한다면 당신을 다시 끌어내리려고 하는 사람들과 더 이상 신경전을 벌일 필요가 없을 것이다.

당신이 갖고 있는 꿈이나 계획을 이야기하면 사람들은 어떤 식으로 찬성이나 반대를 암시하는 신호를 보낼 것이다. 예를 들어, 다니는 직장을 그만두고 다시 공부를 한다거나, 결혼을 하거나 하지 않거나, 세계 여행을 한다거나 하면 주변에서 모두들 한마디씩 조언을 한다. 하지만 그런 조언들은 우리에게 도움보다는 방해가 될 수 있다. 아마 대부분은 선의로 하는 말일 것이다. 하지만 남들이 하는 말을 듣고 당신이 정한 목표에 대해 회의를 품거나 갈등하는 것은 도움이 되지 않는다.

비유를 하자면, 생일에 친한 친구가 선물을 내밀면서 말한다. "여행을 갔다가 너에게 줄 근사한 생일 선물을 하나 사왔어!"

어떤 선물일까 마음이 설렌다. 나의 세련미를 더욱 돋보이게 해줄 멋진 스카프를 상상하면서 포장을 풀어본다. 깜짝이야, 스팽글이 달린 알록달록한 망또라니! 죽는 날까지 절대 그것을 내 몸에 걸치는 일은 없을 것이다.

이럴 때 어떻게 해야 하는지 이제 우리는 분명히 알고 있다. 이러쿵저러쿵 변명할 필요가 없다. 고맙지만 나에게는 어울리지 않는다고 말하고 돌려주면 된다. 진심으로 감사를 표하면서 돌려준다면 그 친구는 화를 내거나 섭섭해하지 않을 것이다.

하물며 우리의 삶을 결정하는 중요한 선택을 할 때 나 자신의 가치관을 따라야 하는 것은 말할 나위도 없다.

차별 없는 세상, 우리 각자가 만들어간다

고개를 숙이지 마세요.
고개를 높이 들고 세상을 똑바로 바라보세요.
－헬렌 켈러, 사회운동가

세상은 여성이 인류의 지속적인 성장과 문명 발전의 근간이
되어왔다는 사실을 알아야 한다. 그 역할이 대부분 밖으로 드러
나지 않았을 뿐이다. 여성의 지위가 향상되면 모든 사람들의 삶
의 질이 향상된다. 이제 여성의 사회 참여는 시대적 요구가 되
었고, 우리 여성들의 미래는 그들이 추구하는 모든 분야에서 무
한한 가능성과 기회에 열려 있다. 하지만 여전히 성 고정관념과
편견이 우리의 선택을 제한하고 불평등을 영구화하는 장애물이
되고 있다. 이러한 과제를 해결하려면 여성들 자신이 유리상자
를 깨고 나오는 용기와 노력이 필요하다.

안전지대를 벗어나는 것은 모험이 따른다. 밖으로 나가서 자
신을 표현하고 보여주어야만 성장하고 발전할 수 있지만 거부
와 실패에 대한 두려움이 발목을 잡는다. 지금 있는 자리에 그
대로 있는 것이 안전하다고 속삭이는 목소리가 들린다. '여기
있는 것으로 충분하지 않아?'

하지만 제자리에 계속 머무르는 것은 더 위험할지도 모른다. 위험을 감수하고 도전할 때 새로운 기회가 주어지고 발전할 수 있다. 두려움을 무릎 쓰지 않는다면 성장과 발전은 불가능하다. 실수와 실패를 배우는 기회로 생각하고 다시 일어설 수 있어야 한다.

우리는 다음 둘 중에 한 가지를 선택할 수 있다. 지금 있는 그 자리에서 제자리 걸음을 하거나, 아니면 용기를 내서 발을 내딛는 것이 것이다. 어떤 두려움이 당신의 발목을 잡고 있는지 생각해보자. 두려움은 만만하지 않다. 실패에 대한 두려움, 거절에 대한 두려움, 따가운 시선에 대한 두려움, 스스로 부족하다고 느끼는 것에 대한 두려움 등등. 이런 두려움을 똑바로 마주하기는 쉽지 않다. 이해한다. 나 역시 일어나지도 않은 결과를 걱정하면서 미리 겁을 먹고 옴짝달싹 못하던 때가 있었다. 당신은 아직 자신을 구하기 위해 불타는 건물로 뛰어 들어갈 엄두가 나지 않을지 모른다. 그래도 괜찮다. 두려움을 느끼는 것은 실패가 아니다. 아직 준비가 되지 않았을 뿐이다.

두려움을 극복하기 위해서는 그러한 감정을 감추기보다 솔직하게 인정하고 드러내야 한다. 감정을 표현하는 것은 부정적인 반응을 억제하는 데 도움이 된다. 인간의 모든 감정은 생존을 위해 필요하다. 두려움 역시 피하기보다는 우리가 끌어안고 가야 하는 소중한 감정이다. 어느 정도의 불안은 오히려 성취동기를 상승시키고 용기를 낼 수 있는 힘을 실어준다.

지금 머물러 있는 안전지대에서 밖으로 나오기를 망설이고 있다면 우선 당신이 어떤 두려움을 갖고 있고 그 근거가 합당한 것인지 생각해보자. 나는 어떤 핑계를 대면서 도전을 거부하고 있는가? 내가 싸워서 이겨내야 하는 두려움이라는 괴물은 외부에 있는가 아니면 마음 속에 있는 것인가?

주변 사람들로부터 비난이나 폄하하는 말을 반복해서 듣다 보면 자기도 모르게 거기 익숙해질 수 있다. 특히 학대, 괴롭힘, 버림을 받는 경험을 하면 자존감이 추락해서 여간해서는 회복하기가 어렵다. 과거에 어떤 상황이나 사건으로 인해 마음의 상처를 받은 일이 있었는지 생각해보자. 은근하고 지속적인 압력이나 성희롱일 수도 있고 성폭력, 노골적인 차별, 따돌림처럼 충격적인 사건일 수도 있다. 마음의 상처는 시간이 지나도 평생에 걸쳐 우리의 생각과 태도에 부정적인 영향을 미친다. 어떤 이유로 불리하거나 부당한 대우를 받은 경험을 생각나는 대로 나열해보고 당시에 어떤 감정을 느꼈는지 기억해보자.

과거의 사건이 당신에게 어떤 영향을 미치고 있는지를 안다면 그 영향으로부터 자유로워질 수 있는 힘을 갖게 된다. 아직 극복하지 못한 부정적인 감정이 다시 수면 위로 떠오른다면 그 감정을 긍정적인 방향으로 흘러가게 하자. 예를 들어, 따돌림을 당했던 기억에서 느끼는 슬픔이나 분노는 다른 사람들의 어려움을 이해하고 도움을 줄 수 있는 공감 능력과 성숙한 인격으로 승화시킬 수 있다. 지난 시간들과 화해하는 시간을 가져보자. 그 모든 경험을 통해 지금 이 곳에 도착했다는 것을 생각하자. 당신의 몸과 마음에 쌓여 있는 부정적인 감정과 기운을 몸 밖으로 내보내자. 밖에 나가서 새로운 사람들을 만나자. 다만 누구와 함께할 것인지 신중하게 선택해야 한다. 과거의 상처를 들춰내고 비판하는 사람들이 아니라 관대하고 긍정적이며 진취적인 사고 방식을 가진 사람들과 만나 즐거운 시간을 보내자.

창업에 도전하거나, 원하는 직장에 지원하거나, 데이트를 신청하는 것에 대해 두려움을 느낀다면 실패를 하거나 거부를 당했을 때 일어날 수 있는 최악의 상황을 상상해보자. 아마 행동을 했을 때 얻을 수 있는 삶의 변화에 비해 그 대가는 그다지 크지 않을 것이다. 용기의 근육을 키우기 위해서는 익숙한 안전지대 밖으로 우리 자신을 조금씩 밀어내는 훈련이 필요하다. 새로운 사람을 만나거나, 먼저 말을 걸거나, 식당에서 혼자 식사를 하거나, 지금까지 불편하게 느끼고 하지 않았던 작은 일에 도전하는 것으로 시작해보자.

용기는 두려움 없는 것이 아니라 두려움을 느끼더라도 행동할 수 있는 것이다. 충동이 아니라 신념과 행동에 관한 것이다. 사람들은 누군가의 용감한 행동을 보면 자신은 절대 그런 용기를 내지 못할 거라고 말한다. 하지만 사실 우리는 마음만 먹으면 얼마든지 용기라는 근육을 키울 수 있다. 체질적으로 근육이 튼튼한 사람들이 있지만, 올바른 훈련과 연습을 통해 누구나 아름다운 근육을 키울 수 있는 것처럼 말이다.

우리는 지금보다 더 나은 세상을 원한다.

혼자이든 아니든, 이제 앞을 향해 걸어가야 합니다. 우리 각자가 혼자라는 것은 우리 모두가 함께하고 있다는 의미라는 것을 기억하기 바랍니다.

— 세실리아 아헌, 소설가

"이제 여러분 앞에 무한한 기회가 펼쳐지는 문들이 열려 있습니다. 그 중 어느 문을 선택하던지 돌아서서 뒤따라오는 누군가의 손을 잡고 함께 가기 바랍니다."

대학원 졸업식에서 연사가 했던 이 말이 나에게 인상 깊게 남아 있다.

기울어진 운동장을 바로 세우기 위해서는 연대 의식이 필요하다. 여권 신장의 이상과 현실 사이의 괴리로 인해 여자들이 설 땅은 좀처럼 넓어지지 않고 있다. '이제 여자들도 진정으로 원하고 노력한다면 무엇이든 될 수 있다'는 말은 응원하고 격려하는 의미일 뿐 현실과는 상관이 없다.

유엔개발계획UNDP은 현재의 추세가 지속된다면 21억명의 여성이 살고 있는 67개국에서 2030년까지 양성 평등이 어떤 의미 있는 수준의 성과도 내지 못할 것이라는 우울한 전망을 발표했다. 따라서 각국의 정부에게 양성평등의 속도를 올리기 위해서는 부지런히 움직여서 여성에 대한 편견을 해소할 수 있는 강화된 법률과 정책을 도입할 것을 촉구했다. 무엇보다 여성의 사회 참여를 위해서는 출산과 육아로 인해 경력이 단절되지 않을 수 있고 모든 직종에서 남녀가 함께 일할 수 있도록 하는 보다 과학적이고 제도적인 보완이 필요하다고 강조했다.

세상이 어떻게 움직여야 하는지에 대한 규칙은 정해져 있는 것이 아니다. 인류의 지속가능한 발전을 위해서는 시대와 현실에 맞는 새로운 규칙을 계속해서 발전시켜야 한다. 부당한 차별을 보면서도 모른 척하고 지나치는 것은 당장은 쉬울 수 있지만 그런 식으로는 앞으로 나아갈 수 없다. 이 세상에서 모든 차별이 사라질 때까지 우리 각자가 질문과 도전을 계속해야 한다. 개인을 부당하게 구속하고 억압하는 어떤 것도 거부해야 한다.

차별 없는 세상은 개인의 차이와 특성을 인정하고 존중하는 것으로부터 시작된다. 통신 기술의 발달로 전 세계가 하나로 연결되면서 다양성의 중요성이 부각되기 시작했다. 새로운 뭔가를 배우기 위해서는 우리에게 없는 지식과 경험을 가진 누군가에게 배워야 한다. 만일 모두가 같은 지식과 경험을 갖고 있다면 지금 알고 있는 것 외에는 아무것도 배울 수 없을 것이다. 서로 다른 배경과 관점을 가진 사람들이 소통하고 협력할 때 새로운 지식의 습득이 가능해지고, 새로운 지식을 배우는 것으로부터 창의성과 통찰력이 꽃피울 수 있다. 앞에서도 이야기했지만 다양성과 포용성을 장려하는 조직은 그렇지 않은 조직보다 구성원들이 더 행복하고 생산적이다.

그 동안 여권 신장은 많은 진전을 이루어왔고 앞으로도 계속해서 발전할 것이다. 하지만 그 속도는 더디고 아직 갈 길이 멀다. 누군가는 이렇게 말할 것이다.

"요즘은 여성 ceo와 임원이 많아졌습니다."

그래서 이제 그만해도 된다고? 천만에! 그 말은 흑인 CEO들이 있으니 인종차별은 더 이상 존재하지 않는다거나, 우리가 배불리 먹고 있으니 세상에는 기아가 없다고 말하는 것이나 다름없다. 미국에는 2016년 초에 존John이라는 이름의 CEO가 여성 CEO보다 더 많았다. 2019년에는 남성 대 여성 CEO의 비율은 19대 1이었다. 남성이 주류인 사회에서 여성은 아직 비주류이고 아웃사이더다. 미국 드라마의 제목에서 유래한 CSI 효과라는 신조어가 있다. 여성 법의학자가 나오는 드라마가 인기를 끌자 실제로 법의학계에 종사하는 여성의 비율이 증가한 현상을 말한다. 더 많은 여성들이 다음 세대를 위해 다양한 분야에서 리더로 활동하는 모습을 보여주어야 하는 이유다.

하지만 같은 여자들조차 여성의 능력을 그다지 높이 평가하지 않는 것 같다. 1983년, 할리우드의 감독 조합은 여성들의 영화계 진출을 가로막는 장벽이 있는 것이 분명하다고 주장하며 영화 제작자들을 성차별로 고소했다. 그 재판에는 여성 판사가 배정되었으므로 같은 여자로서 판사가 그들의 편을 들어줄 것이라고 기대했다. 그러나 반전이 일어났다. 그 판사는 사건을 기각시켰는데, 그 이유가 여자 감독들도 제작자들과 마찬가지로 여성 스태프를 고용하지 않는다는 사실이 드러났기 때문이다.

내 주변에서도 여자들이 자신이 하는 사업에 여자보다는 남자를 선호하는 경향을 볼 수 있다. 남자들은 친구들과 술잔을 기울이며 종종 사업 문제와 동업에 대해 상의한다. 실제로 첨단 기술 산업은 친구들이 의기투합해서 창업을 하는 경우가 많다. 남자들은 적어도 업무 능력에 대해 서로를 신뢰하지만 여성들은 그렇지 않은 것 같다. 그 이유 역시 여자들 스스로 여성의 능력과 자질을 의심하기 때문일 것이다.

이제 우리는 성 편견을 극복해야 하는 이유가 단지 사회에서 남자들과 같은 인정을 받기 위해서가 아니라는 것을 이해할 것이다. 양성 평등은 남성의 행동과 결정을 기준으로 여성의 권리를 주장하는 것이 아니다. 여자들이 어떤 삶을 원하던지 여성성을 포기하지 않고도 원하는 꿈을 이룰 수 있도록 세상을 변화시키는 것이 목적이다. 모든 사람이 타인의 요구나 기대가 아닌 자신의 주관과 가치관에 따라 건강하고 행복하며 생산적인 삶을 살 수 있는 환경을 마련하는 것이다.

여자들은 스스로 문제를 해결해야 한다고 느끼는 경향이 있는 반면에 함께 협력해야 할 때를 알고 있다. 여성의 직관적이고 감성적인 특성은 의미 있는 연결고리를 찾아낸다. 공동체와 사랑하는 사람들을 도울 필요가 있을 때 함께 힘을 합치고 정복하고 통제하는 것이 아니라 서로 협력해서 긍정적 변화를 만들어낸다. 도움이 필요하면 손을 내밀고 도움을 필요로 하는 사람의 손을 잡아준다. 경쟁이 아닌 협력을 통해 무언가 이루어낼 때 보다 큰 기쁨을 느낀다. 도움을 주는 손이 받는 손보다 더 큰 보상을 받는다는 것을 알고 있다.

우리 각자는 세상의 변화를 이끄는 주역이 될 수 있다. 요즘 세대는 개인적이면서 개방적이다. SNS를 통해 자신을 표현하고 관심사와 가치관을 공유하면서 사회 문제에 적극적으로 의견을 표명한다. 우리가 변하면 다른 사람들도 어떤 식으로든 변화된다. 무엇보다 같은 문제 의식을 가진 사람들과 연대하는 것은 우리가 세상을 지속적으로 변화시키는 방법이다.

생각의 변화가 행동의 변화로 이어지도록

가장 어려운 것은 행동하기로 결심하는 것이며,
그 후에는 단지 끈기거 필요할 뿐입니다.
– 아멜리아 에어하트, 비행사

하루가 다르게 변화하는 세상에서는 지금 있는 자리에서 제자리걸음을 하면 뒤처질 수밖에 없다. 같은 행동을 반복하면서 상황이 달라지기를 기대할 수는 없다. 변화가 필요하다. 이 책을 여기까지 읽었다면 자신에게 필요한 변화에 도전할 마음의 준비가 되었기를 바란다. 의식 저변에 뿌리 내린 편견과 고정관념이 자신을 어떻게 제약하고 억압하는지를 알았다면 적어도 한 가지 문제에서는 벗어날 준비가 되었을 것이다.

그러면 마지막으로 다시 한 번 앞에서 이야기한 열 가지 편견 중에 당신에게 해당되는 것은 무엇이고 어떤 변화가 필요한지 생각해보는 시간을 가져보자. 보다 충만한 삶을 향해 가기 위해 어떤 선택을 해야 할지 생각해보자. 무엇보다 중요한 것은 다른 사람들이 아닌 나 스스로 선택한 삶을 사는 것이다.

우리 주변에는 오래된 편견과 고정관념을 당연하게 여기는 사람들이 아주 많이 있다. 사회생활을 하다보면 그런 사람들을 거의 매일 만날 수도 있다. 누군가는 단지 여자라는 이유로 당신을 다시 끌어내리려고 할지도 모른다. 그런 사람들과 맞서 싸우기 위해서는 단단하고 분명하고 강한 정신력으로 무장을 해야 한다. 안 그러면 언제라도 다시 주눅이 들어서 과거의 습관으로 돌아갈 수 있기 때문이다. 따라서 열가지 고정관념에서 완전히 벗어날 때까지는 수시로 자신의 태도와 행동을 점검해볼 필요가 있다.

중요한 것은 당신이 지금까지 받은 상처를 솔직하고 정직하게 인정하는 것이다. 그래야만 과거를 극복하고 앞으로 나아갈 방법을 찾을 수 있다. 우리의 인생은 마음 속 깊은 곳에 웅크리고 있는 두려움이라는 괴물을 물리치고 앞으로 나아가는 영웅의 여정이다. 세상에는 수시로 우리를 움츠러들게 하고 두려움을 심어주면서 안전지대 밖으로 나가지 못하게 방해하는 압력들이 존재한다. 그런 압력에 굴복한다면 그 이유는 자신에게 다른 선택이 있다는 것을 생각하지 못하거나, 익숙하게 느껴지는 상황에서 나오기가 두렵기 때문일 수 있다.

나는 오랜 세월 동안 세상의 편견에 길들여지면서 살아왔다는 것을 깨달았을 때 나 자신에게 무척 실망하고 화가 났다. 아마 당신도 그럴 것이다. 변화가 필요하다는 것을 뼛속 깊이 받아들이는 것은 불편한 감정을 견뎌야 하는 고통스러운 시간이 될 수 있다. 지금까지 자의나 타의에 의해 주체적인 삶을 살지 못한 것에 대해 느끼는 아쉬움, 후회, 분노, 슬픔, 혼란 등 많은 감정들이 한꺼번에 수면 위로 떠오를 수 있다. 그동안 당신을 무시하고 따돌린 사람들도 있었을 것이다. 사랑하고 믿었던 사람에게 배신을 당했던 기억이 다시 되살아날 수도 있다. 그런 경험들을 외면하지 않고 진실을 똑바로 마주본다면 다른 방법으로는 배울 수 없는 교훈을 얻을 것이다.

인간은 누구나 취약한 존재다. 우리는 쉽게 상처를 받고 약점을 드러내기를 두려워한다. 이 책을 위해 인터뷰에 응해준 한 여자는 십대 시절 아버지의 친구에게 성폭력을 당한 사실을 공개했다. 그녀는 '내가 왜 당신에게 이런 이야기를 하는지 모르겠네요.' 라는 말로 시작해서 다시 생각만해도 몸서리가 쳐지는 수모와 충격에 대해 이야기했다(화상 채팅이었기 때문에 내 눈으로 볼 수 있었다). 감추고 싶은 상처를 솔직하게 드러내는 사람에게서는 희망을 볼 수 있다. 그러한 용기가 새로운 변화로 이어질 수 있기 때문이다.

만일 전과는 달라진 모습으로 세상 밖으로 나가는 것에 대한 두려움이 발목을 잡는다면 그 근거를 확인하고 어떻게 대처할 것인지 미리 생각해볼 필요가 있다. 신뢰할 수 있는 사람이나 안전한 환경에서 허심탄회하게 당신이 느끼는 감정에 대해 털어놓고 이야기하는 것도 도움이 될 것이다. 화가 나면 화를 내고 슬프면 슬퍼하고 울고 싶으면 우는 시간을 가져보자. 그 동안 억누르고 외면해왔던 감정에 귀를 기울이고 받아들이자. '제발 나에게 관심을 가져달라!'고 외치는 내면의 목소리에 귀를 기울여보자. 그 소리를 지금까지 듣지 못했다면 당신의 생각이나 감정은 중요하지 않다는 말을 순순히 받아들였기 때문이다. 분노, 원망, 좌절, 후회와 같은 부정적인 감정을 느끼는 것에 대해 거부감을 갖지 말자. 어떤 감정이든 우리 자신을 아는 데 도움이 될 수 있다.

이제 당신이 진정으로 원하는 것이 무엇인지 질문할 시간이 되었다. 앞에서 자가진단에 쓴 글들을 다시 읽어보자. 당신의 꿈과 영혼을 작아지게 하는 생각들이 무엇인지 알아야 거기서 벗어날 수 있다. 그 중에서도 가장 먼저 벗어나고 싶은 속박이 무엇이고 어떤 변화를 원하는지 적어보자.

\---

\---

\---

변화를 위한 마음의 준비가 되었다고 느낀다면 우선 새로운 삶을 시작하기 전에 과거의 당신과 결별하는 의식을 치러볼 것을 제안한다. 며칠 동안 여행을 하면서 휴식을 취하는 것은 생각을 정리하는 데 도움이 될 것이다. 편안한 사람들을 만나서 당신이 어떤 변화를 시도할 것인지에 대해 이야기하는 것도 좋을 것이다.

억눌려 있는 감정 에너지를 분출하는 물리적인 의식을 치르는 방법도 있다. 파괴는 창조의 어머니. 당신 안에 쌓여 있는 후회와 원망과 함께 당신을 가두어두고 있었던 오래된 생각들을 깨부수는 의식을 시도해보자. 나는 이 의식을 '유리상자 깨부수기'라고 부르지만 어떻게 불러도 된다. 그 목적은 사람들의 시선에 개의치 않고 당신이 원하는 삶의 방식을 시작하는 용기를 불러오는 것이다. 목청껏 소리를 지르거나, 울거나, 미친듯이 춤을 추거나, 달리기를 하거나, 어떤 방법이든 상관 없다.

내가 친한 친구 두 명과 함께 했던 의식을 소개하겠다. 당시에 한 친구는 어릴 때부터 사귄 사람과의 오랜 관계를 끝낸 후였고 또 다른 친구는 부모를 잃은 후였다. 나를 포함해서 모두들 특히 힘든 시간을 보내고 있었다. 우리는 함께 여행을 하다가 어느 날 저녁 특별한 의식을 치르기로 했다.

"오늘 저녁 한 번 신나게 놀아보자!"

우리는 빈 유리병을 가득 담은 자루와 빗자루를 차 트렁크에 싣고 낮에 탐색해두었던 근처 공사장으로 갔다. 그리고 유리병을 하나씩 벽에 던졌고 병이 산산조각이 나면서 깨질 때마다 환호성을 질렀다. 주위에는 아무도 듣는 사람이 없었고 우리는 각자 자신을 제한하고 있는 고정관념을 향해 목청껏 욕설을 퍼부으며 깔깔거리고 웃었다.

"엿 먹어라!", "집어쳐!", "당장 꺼져!"

모든 의식은 마음을 정화하는 효과가 있다. 의식을 통해 우리는 혼란스러운 마음을 다스리기도 하고 앞으로 일어날 일들을 받아들이는 용기를 얻기도 한다. 나는 자신감이 필요하다고 느낄 때마다 이런 송류의 의식을 치르는데 거의 6개월마다 한 번씩 하고 있다. 당신도 자신만의 방식으로 유리상자를 깨부수는 의식을 찾아서 해보기 바란다. 혼자서 조용한 시간을 갖기를 원한다면 며칠에 걸쳐 명상을 하거나 자리에 앉아서 벗어나고 싶은 생각과 감정을 글로 써보는 것도 훌륭한 정화 의식이 될 수 있다.

마침내 당신은 오랫동안 자신을 가두어 두었던 유리상자를 깨고 나올 준비를 마쳤다. 축하한다! 실제로 유리병을 깨부수는 의식을 치렀다면 별 다섯 개 만점을 주겠다. 이제 우리는 다른 사람들의 시선과 죄책감에서 자유로워질 수 있다는 것을 알았다. 어디서나 항상 사랑받는 사람이 되기 위해 다른 사람들의 눈치를 보는 것은 그만 두어야 한다. 자유롭고 독립적인 삶을 살 때 우리의 잠재력과 가능성을 최대한 발휘할 수 있다. 기회의 창을 통해 세상을 바라보고 새로운 경험에 도전하면서 진정으로 살아 있는 기분을 느낄 수 있다.

　당신은 익숙하고 편안한 장소에 머물고 싶은 마음과 세상을 탐험하고자 하는 열망 사이에서 갈등하고 있을지도 모른다. 아직은 무엇을 원하는지 모르지만 다람쥐 쳇바퀴를 돌리는 것처럼 반복되는 따분한 삶은 살고 싶지 않다는 막연한 느낌을 갖고 있을 수 있다. 앞으로 어떤 삶을 선택하던지 당신이 진정으로 원하고 당신의 가치관에 일치하는 삶을 살아야 한다. 이제 더 이상 미룰 이유가 없다. 말에 안장을 얹고 자유와 모험을 향해 가는 변화의 여정을 시작하자.

에필로그

꿈을 향해 내딛는 발걸음, 이르거나 늦은 때는 없다

지금보다 더 나은 삶을 향해 가고 있다면, 두려움 저편에는 더 많은 것이 기다리고 있다는 것을 가끔씩 자신에게 상기시켜야 할 것입니다.

－일레인 웰트로스, 저술가

우리 부모 세대만 하더라도 가부장제 사회에서 여자들은 교육과 경력을 개발하고 재능을 펼칠 수 있는 영역이 제한적이었다. 여자들이 결혼 전에는 남자 형제들에게 양보하고 결혼을 하면 남편과 자식들을 위해 희생하는 삶을 살았던 때가 있었다. 그리고 우리 세대는 그런 삶을 살았던 부모 밑에서 성장하는 동안 '여자는 이렇고 남자는 저렇다', '남자는 이래야 하고 여자는 저래야 한다', '여자와 남자는 잘하는 분야가 따로 있다'는 등의 성별 고정관념을 습득해왔다.

우리 자신을 제약하고 제한하는 거짓된 생각들을 버리고 나면 그 자리에 진실이 들어오게 할 수 있다. 그리고 우리 자신과 세상에 대한 진실을 보게 되면 그 때부터 변화가 시작된다. 쓸

데없이 전전긍긍하면서 자신을 가두고 있던 믿음에서 자유로워지는 것이다. 그동안 편견과 차별이라고 생각하지 않았을 수 있고, 알면서도 그냥 지나친 일도 많았을 것이다. 양성평등 의식으로 무장한 요즘 젊은이들에게 성별 고정관념을 갖고 있지 않느냐고 물으면 아마 펄쩍 뛸지도 모르겠다. 하지만 남녀를 구분해서 생각하는 사고방식은 보편화되고 일상적이 되어서 누군가 문제를 제기하지 않으면 인식을 하지 못할 정도로 우리 안에 뿌리 깊숙히 자리를 잡고 있다.

나는 라이프스타일 코치를 하면서 고객들에게 내가 직접 시도해보고 효과를 경험하지 않은 행동은 권유하지 않는다. 이 책은 내가 2년여에 걸쳐 어두운 터널을 통과하면서 겪은 경험으로부터 배우고 깨달은 바를 기초로 하고 있다. 실제로 나를 구속하고 있었던 속박과 편견에서 자유로워지기로 마음을 먹고나서 얼마 지나지 않아 내 삶에 변화가 생기기 시작했다. 현실에서 내 삶에 어떤 변화가 있었는지 정리해 보면 다음과 같다.

여자는 약자라는 인식에서 자유로워진 후
- 더 크고 담대한 꿈을 꾸게 되었다.
- 사람들에게 강하고 당당한 태도를 보여주게 되었다.
- 건강관리에 좀 더 많은 노력과 시간을 투자한다.

여자는 목소리가 크면 안된다는 인식에서 자유로워진 후

- 내 생각과 아이디어를 자신 있고 자유롭게 이야기한다.
- 다른 사람들의 눈치를 보고 혼자 끙끙거리면서 시간과 에너지를 낭비하지 않게 되었다.
- 부당한 상황을 직접 겪거나 목격하면 그 자리에서 항의를 한다.

여자는 홀로서기가 어렵다는 인식에서 자유로워진 후

- 경제에 대해 배우고 직접 관리할 수 있게 되었다.
- 내가 하는 일을 다른 책임과 의무보다 우선하게 되었다.
- 혼자 하는 여행을 자주 한다.

여자는 역량이 부족하다는 인식에서 자유로워진 후

- 내가 가진 능력에 대해 자신감을 갖게 되었다.
- 나에게 주어진 권리를 주장할 수 있게 되었다.
- 유능한 여성들과 함께 일하게 되었다.
- 나의 단점이라고 생각했던 측면을 장점으로 바꾸는 법을 배웠다.

여자는 감정적이라는 인식에서 자유로워진 후

- 내가 느끼는 감정에 귀를 기울이게 되었다.
- 감정을 이해하고 적절하게 표현하는 법을 배웠다.

- 부정적인 감정에 휘둘리지 않게 되었다.
- 나를 있는 그대로 좋아해주는 사람들을 만났다.

여자는 자신을 희생한다는 인식에서 자유로워진 후
- 나의 꿈과 목표를 보다 적극적으로 추구하게 되었다.
- 나 자신을 보살피는 것은 이기적인 것이 아니라 사랑하는 사람들을 지켜주기 위해서도 필요하다는 것을 알았다.
- 자기계발에 도움이 되는 활동을 시작했다.
- 나에게 부정적인 영향을 주는 사람들을 멀리하게 되었다.

여자는 선택을 받아야 한다는 인식에서 자유로워진 후
- 마음에 드는 사람에게 먼저 다가갈 수 있는 용기가 생겼다.
- 진실하고 신뢰할 수 있는 사람들을 만났다.
- 새로운 모험에 도전하고 있다.
- 불필요하고 소모적인 활동은 그만두었다.

여자는 자신을 꾸며야 한다는 인식에서 자유로워진 후
- 보다 지속적인 행복감을 주는 물건과 경험에 투자하고 있다.
- 섹시함의 정의를 건강하고 자연스러움으로 바꾸었다.
- 자아 이미지를 편안하게 받아들인다.

- SNS를 하는 시간을 줄이고 나 자신에게 집중한다.
- 통장 잔고가 늘어났다.

여자가 하는 역할은 따로 있다는 인식에서 자유로워진 후
- 자유와 욕망을 추구한다.
- 새로운 경험에 과감하게 도전한다.
- 여성의 지위 향상을 위한 사회 운동에 적극적으로 참여한다.

여자는 예외에 속한다는 인식에서 자유로워진 후
- 원하는 활동에 보다 많은 시간을 투자하게 되었다.
- 책을 쓸 수 있는 용기와 자신감이 생겼다.
- 여성들에게 역할모델이 되려고 노력한다.
- 비즈니스 기회가 많아졌다.

이 책은 독자가 자신의 이야기를 써내려가는 이야기로 완성이 된다. 각자 자신이 지금까지 살아온 시간을 돌아보고 앞으로 살아갈 시간에 대해 내다보는 시간을 가지면 어떤 자세로 세상을 마주할 것인지에 대한 답을 구할 수 있을 것이다. 그 후에도 필요할 때마다 책을 펼쳐보고 자가진단을 업데이트한다면 마음을 다잡고 계속해서 앞으로 나아갈 수 있을 것이다. 우리는 누구나 흠이 있지만 각자가 아름답고 빛나는 존재다. 우리 삶의 목적

은 완벽해지기 위해 마음에 들지 않는 부분을 버리는 것이 아니다. 균열, 상처, 실수를 포용해서 나만의 특별하고 흥미로운 이야기를 만들어가는 것이다. 나 자신도 아직 성 편견과 고정관념에서 완전히 자유롭지 못하며 더욱 성장하기 위해 노력하는 중이다.

심호흡을 한 번 하고 나서 거울에서 얼굴을 마주보자. 당신의 몸을 바라보자. 팔과 다리, 셔츠를 올려서 배를 내려다보자. 눈에 보이지는 않아도 당신의 내면에는 수많은 상처들이 숨겨져 있을 것이다. 무시와 따돌림을 당하거나, 이용을 당하거나, 사랑하는 사람에게 버림을 받았거나, 침묵과 희생을 강요 당했거나, 부당한 압력을 받았거나, 억울한 오해를 샀거나, 그 모든 경험이 상처로 남아 있을 것이다. 아무 생각 없이 헛되게 보낸 시간에 대해 느끼는 후회와 아쉬움도 있을 것이다. 그리고 그것이 모두 당신 자신을 사랑하지 않았기 때문에 생긴 결과라고 느낄 수 있다. 그 상처들을 보듬고 어루만지면서 잠시 시간을 보내자.

이제 마침내 당신이 지금까지 갇혀 있던 유리상자를 깨고 나오는 모습을 상상해보자. 그리고 마음속으로 다짐하자. 이제 당신을 속박하는 굴레에서 벗어나 자유롭고 독립적이고 주체적인 삶을 살기 위해 필요한 태도와 행동을 꾸준히 실천해갈 것이라고. 변화는 하루아침에 찾아오지 않는다. 후퇴하기도 할 것이다.

지금까지 살아온 날들을 돌아보면서 후회와 자책을 느꼈을지 모르지만 결국은 그런 경험들을 바탕으로 더 강해지고 현명해질 것이다. 변화의 과정이 생각보다 힘들고 어색하게 느껴질 수 있지만 그 과정에서 자신에 대해 더 많이 알게 되고 세상에 적응하는 능력을 갖추게 될 것이다. 그리고 무엇보다 당신 자신에게 충실한 삶을 살 수 있을 것이다.

어떤 편견과 차별이 사소해 보일지라도 우리 자신의 가치관에 따라 허용할 수 있는 것과 없는 것을 구분해서 행동한다면 점차 주변 세상도 함께 변화할 것이다. 개인의 변화가 지닌 영향력은 진공상태에 갇혀 있지 않다. 그 힘은 전염성이 있으므로 무한대로 커지면서 우리 자신 뿐 아니라 모두를 일으켜 세울 것이다. 그리고 어느 날 당신의 삶 뿐 아니라 주변 세상이 많이 발전하고 향상된 것을 알게 될 것이다.

독자들이 이 책을 읽은 후 생각과 행동에 어떤 변화가 있을지 무척이나 궁금합니다. 더 이상 하지 말아야 하는 행동이나 습관은 무엇이고, 새롭게 변화하고 노력해야 하는 부분은 무엇인가요? 그 결과 어떤 성공을 거두었고 그 과정에서 겪은 어려움, 모험, 흥미로운 에피소드에 대해 이야기해보세요. 지금 어디까지 왔고 어디로 가고 있는지 글로 적어보면 당신의 꿈과 목표가 분명해질 것입니다. 당신의 이야기를 공유하고 싶다면 인스타그램 @giannabis contini나 다른 커뮤니티에 소개해주기 바랍니다.

무엇이 니를 작아지게 하는가
-길들여진 性에서 자유로워지는 자가진단 **10**

처음 펴낸 날 | 2023년 10월 15일
지은이 | 지아나 비스콘티니
옮긴이 | 노지우
펴낸곳 | 도서출판 아니마
출판 등록 | 2008년 12월 11일, 396-2008-000092호
주소 | 경기도 고양시 일산동구 중산로 101, 109-903
편집 | Tel 031-908-2158, Fax 0303-0944-2194
영업 | Tel 010-5424-2194
이메일 | animapub@naver.com
인쇄 | 수이북스
ISBN | 979-11-89484-12-5